AF094182

www.ingramcontent.com/pod-product-compliance
Lightning Source LLC
LaVergne TN
LVHW010319070526
838199LV00065B/5608
* 9 7 8 9 3 5 8 7 2 7 6 2 3 *

ترجمہ اشرفی

(مصنف کی ہی کتاب 'سید التفاسیر' میں شامل ترجمہ قرآن مجید)

حصہ ۳، سورۃ یوسف تا طٰہٰ

سید محمد مدنی اشرفی جیلانی

جمع و ترتیب : اعجاز عبید، محمد عظیم الدین

© Taemeer Publications LLC

Tarjuma Ashrafi (Quran Urdu Translation) – Part:3
by: Syed Mohammed Madani Ashrafi
Edition: November '2024
Publisher :
Taemeer Publications LLC (Michigan, USA / Hyderabad, India)

ISBN 978-93-5872-762-3

مترجم یا مرتب یا ناشر کی پیشگی اجازت کے بغیر اس کتاب کا کوئی بھی حصہ کسی بھی شکل میں بشمول ویب سائٹ پر اَپ لوڈنگ کے لیے استعمال نہ کیا جائے۔ نیز اس کتاب پر کسی بھی قسم کے تنازع کو نمٹانے کا اختیار صرف حیدرآباد (تلنگانہ) کی عدلیہ کو ہو گا۔

© تعمیر پبلی کیشنز

کتاب	:	**ترجمہ اشرفی** (سورہ یوسف تا طٰہ)
مترجم	:	**سید محمد مدنی اشرفی جیلانی**
جمع و ترتیب	:	اعجاز عبید، محمد عظیم الدین
صنف	:	ترجمہ قرآن
ناشر	:	تعمیر پبلی کیشنز (حیدرآباد، انڈیا)
سالِ اشاعت	:	۲۰۲۴ء
صفحات	:	۲۲۰

فہرست

۱۲۔ سورۃ یوسف........................1

۱۳۔ سورۃ الرعد........................33

۱۴۔ سورۃ ابراھیم........................47

۱۵۔ سورۃ الحجر........................62

۱۶۔ سورۃ النحل........................78

۱۷۔ سورۃ الاِسراء / بنی اسرائیل.........111

۱۸۔ سورۃ الکھف........................139

۱۹۔ سورۃ مریم........................168

۲۰۔ سورۃ طٰہٰ........................188

۱۲۔ سورة یوسف

نام سے اللہ کے بڑا مہربان بخشنے والا 0

۱۔ ال راء... یہ آیتیں ہیں روشن کتاب کی 0

۲۔ بیشک ہم نے نازل فرمایا اس کو عربی قرآن، کہ تم عقل سے کام لو 0

۳۔ ہم سناتے ہیں تمہیں بڑا اچھا واقعہ، جو کہ وحی بھیجا ہم نے تمہاری طرف یہ قرآن۔ گو تم پہلے بے خبر تھے 0

۴.　　جب کہ کہا یوسف نے اپنے باپ کو ؑ کہ بابا جان، میں نے واقع میں خواب دیکھا، گیارہ ستارے اور سورج و چاند کو، سب کو دیکھا کہ میرا سجدہ کر رہے ہیں O

۵.　　جواب دیا ؑ کہ اے بیٹا، مت ظاہر کرنا اپنے خواب کو اپنے بھائیوں پر، کہ تمہیں کوئی دھوکا دے دیں۔ کیونکہ بلاشبہ شیطان انسان کے لئے کھلا دشمن ہے O

۶.　　اور اسی طرح چنے گا تم کو تمہارا پروردگار، اور سکھائے گا تم کو ساری باتوں کے انجام کار بتانے کو، اور پوری فرما دے گا اپنی نعمت کو تم پر، اور یعقوب کی اہل و عیال پر، جس طرح پورا فرمایا تھا اسے تمہارے باپ دادا دونوں پر پہلے سے ہی، ابراہیم و اسحٰق پر۔ بیشک تمہارا پروردگار دانا حکمت والا ہے O

۷.	بلاشبہ یوسف اور ان کے بھائیوں میں کئی نشانیاں ہیں پوچھنے والوں کے لیئے O

۸.	جب کہ سب نے کہا کہ یوسف اور ان کا بھائی زیادہ پیارے ہیں ہمارے باپ کو، حالانکہ ہم ایک جماعت ہیں۔ بیشک ہمارے باپ صاف صاف محبت کی مستی میں ہیں O

۹.	مار ڈالو یوسف کو، یا نہیں پھینک آؤ کسی جگہ، کہ تمہارے باپ کا رخ تمہارے لیئے رہ جائے، اور اس کے بعد ہو جاؤ نیک O

۱۰.	ان میں سے ایک کہنے والے نے کہا، کہ یوسف کو مار نہ ڈالو اور انہیں ڈال دو کنوئیں کی اندھیریوں میں، لے لے گا ان کو کوئی راہ چلتا، اگر تم کو یہ کرنا ہے O

۱۱۔   سب نے مل کر عرض کیا کہ اے ہمارے باپ آپ کو کیا ہے کہ آپ امین نہیں بناتے ہم کو یوسف پر، حالانکہ ہم ان کے خیر خواہ ہیں O

۱۲۔   بھیج دیجئے انہیں ہمارے ساتھ کل، کہ وہ کھائیں کھیلیں، اور ہم سب ان کی نگرانی کرنے والے ہیں O

۱۳۔   جواب دیا کہ مجھے اس کا رنج ہے کہ تم انہیں لے جاؤ، اور مجھے خطرہ ہے کہ بھیڑیا ان کو کھا جائے، اور تم بیخبر رہو O

۱۴۔   سب نے عرض کیا، کہ "اگر بھیڑیا نے انہیں کھا لیا اور ہم ایک جماعت کی جماعت ہیں، تو ہم ناکارہ ہوئے O

۱۵۔   پھر جب سب لے گئے ان کو، اور سب کی رائے ہوئی کہ ڈال دیں ان کو کنوئیں کی تاریکیوں میں، اور وحی بھیجی ہم نے ان کی

طرف، کہ ضرور تم انہیں بتا دو گے ان کے اس کیئے کو، اور وہ نہ
پہچانتے ہوں گے O

۱۶. اور سب آئے اپنے باپ کے پاس، رات ہونے پر روتے
ہوئے O

۱۷. سب نے کہا کہ اے ہمارے باپ، ہم دوڑنے چلے گئے
اور یوسف کو اپنے سامان کے پاس رکھ چھوڑا، تو ان کو بھیڑیا کھا گیا۔
اور آپ ہماری مانتے نہیں، گو ہم سچے ہوں O

۱۸. اور لگا لائے ان کے کرتہ پر جھوٹا خون۔ جواب دیا، کہ بلکہ بنا
لی تمہارے لیئے تمہاری طبیعتوں نے ایک بات۔ تو صبر اچھا،۔ اور
اللہ کی مدد مانگی گئی ہے اس پر جو تم بتاتے ہو O

۱۹۔ اور آگیا ایک قافلہ، تو بھیجا اپنے پانی بھرنے والے کو، تو اس نے اپنا ڈول ڈالا۔ بولا واہ وا، یہ لڑکا۔ اور سب نے ان کو چھپا لیا مال تجارت بنا کر۔ اور اللہ دانا ہے جو وہ کریں O

۲۰۔ اور بھائیوں نے انہیں بیچ ڈالا، کھوٹے دام سے چند روپے۔ اور ان سے بے رغبت تھے O

۲۱۔ اور کہا جس نے ان کو خریدا، مصری نے اپنی بی بی سے، کہ ان کو خوب ٹھکانے سے رکھو، ہو سکتا ہے کہ ہمارے کام آوے، یا ہم اس کو فرزند بنا لیں۔ "اور اس طرح سے مضبوط ٹھکانہ دیا ہم نے یوسف کو اس سر زمین میں۔ اور تاکہ سکھا دیں ہم ان کو باتوں کے نتیجہ بتا دینے کو، اور اللہ غالب ہے اپنے کام میں۔ لیکن بہتیرے لوگ نادان ہیں O

۲۲۔ اور جب وہ پہنچے اپنی پوری طاقت کو، تو دیا ہم نے ان کو حکم اور علم۔ اور اسی طرح ہم جزا دیتے ہیں مخلص بندوں کو O

۲۳۔ اور لبھانا چاہا انہیں اس عورت نے جس کے گھر میں وہ تھے، ان کی خودداری سے، اور بند کر لئے سارے دروازے، اور بولی آؤ تمہیں کو کہتی ہوں۔ جواب دیا کہ اللہ کی پناہ، بیشک عزیز تو میرا مربی ہے، مجھ کو خوب ٹھکانے سے رکھا۔ کیا شک ہے کہ اندھیر مچانے والے کامیاب نہیں ہوتے O

۲۴۔ اور سچ یہ ہے کہ عورت نے توطے کر لیا تھا ان کو، اور وہ ارادہ کر گزرتے، اگر نہ دیکھ لیتے اپنے پروردگار کی دلیل کو۔ ایسا یوں ہوا، تاکہ دور کر دیں ان سے برائی و بے حیائی کو۔ بیشک وہ ہماری مخلص بندوں سے ہیں O

۲۵.   اور دونوں بڑھے دروازہ کی طرف، اور عورت نے ان کا کرتہ پیچھے سے پھاڑ ڈالا، اور دونوں کو مل گیا عورت کا شوہر دروازہ کے پاس۔ وہ بولی ''نہیں سزا ہے اس کی جس نے ارادہ کیا تمہاری زوجہ سے بری بات کا، مگر یہ کہ قید خانہ میں ڈال دیا جائے، یا دکھ دینے والی سزا دی جائے O

۲۶.   جواب دیا کہ اس عورت نے خود لبھایا مجھ کو میری خودداری سے''، اور گواہی دی انہیں میں سے ایک گواہ نے، کہ اگر ان کا کرتہ چاک کیا گیا ہے آگے سے، تو عورت سچی۔ اور یہ جھوٹوں سے O

۲۷.   اور اگر کرتہ پھاڑا گیا پیچھے سے، تو عورت جھوٹی اور یہ سچے O

۲۸.   تو جب دیکھا کہ ان کا کرتہ پھاڑا گیا ہے پیچھے سے، فیصلہ کیا کہ بیشک تم عورتوں کا تریا چلتر ہے۔ واقع میں تمہارے چلتر بڑے ہیں O

۲۹.	اے یوسف ہٹاؤ اس کو اور اے مسماۃ! اپنے گناہ کی مغفرت مانگ۔ ثابت ہے کہ توخطاکاروں سے ہے O

۳۰.	اور کہنے لگیں عورتیں شہر بھر میں، کہ "عزیز کی بی بی بھاتی ہے جوان کو اس کی خودداری سے۔ اس کی محبت اس پر چھا گئی ہے۔ ہماری رائے میں وہ بلاشبہ کھلی سرمستی میں ہے O

۳۱.	جب اس نے سنا عورتوں کے پروپیگنڈہ کو، تو ان کو بلاوہ بھیجا، اور تکئے ان کے لئے لگائے۔ اور دے دیا ہر ایک کو ان میں سے ایک چھری۔ اور آواز دی کہ نکل آؤ ان عورتوں میں، اب جو عورتوں نے ان کو دیکھا، تو ان کی بڑائی کرنے لگیں، اور کاٹ ڈالے اپنے ہاتھ، اور بول پڑیں کہ "حاشا اللہ! یہ بشر نہیں ہیں"۔ "یہ نہیں ہے مگر کوئی بزرگ فرشتہ O

۳۲۔ تب کہا، کہ ''یہی ہے جس کے بارے میں تم لوگ میری ملامت کرتی رہیں۔ اور بیشک میں نے ہی اس کو لبھانا چاہا اس کی خود داری سے، پھر بھی وہ معصوم رہا۔ اور اگر اس نے وہ نہ کیا، جس کا میں حکم دیتی ہوں، تو ضرور جیل جائے گا، اور یقیناً ہو گا آبرو باختوں سے O

۳۳۔ دعا کی ''اے میرے پروردگار جیل مجھ کو زیادہ پسند ہے اس حرکت سے، جدھر مجھ کو سب بلاتی ہیں۔ اور اگر تو نہ ٹالے مجھ سے ان کے داؤں کو، تو میں جھک پڑوں ان کی طرف، اور نادانوں سے ہو جاؤں O

۳۴۔ تو قبول فرما لیا انہیں ان کے پروردگار نے، چنانچہ ہٹا دیا ان سے ان عورتوں کے داؤں کو۔ بیشک وہ سننے والا دانا ہے O

۳۵۔	پھر انہیں یہی سجھائی پڑا، بعد اس کہ دیکھ چکے ساری نشانیاں، کہ انہیں قید خانہ میں ڈال دیں کچھ مدت تک O

۳۶۔	اور دخل ہوئے ان کے ساتھ قید خانہ میں دو جوان، ان میں سے ایک نے دریافت کیا، کہ میں نے خواب دیکھا کہ شراب نچوڑ رہا ہوں"۔ اور دوسرے نے سوال کیا، کہ میں دیکھتا ہوں کے اپنے سر پر روٹی اٹھائے ہوں اور پرند اس میں سے کھا رہے ہیں"۔ "ہم لوگوں کو اسی کی تعبیر بتا دیجئے۔ ہماری رائے میں واقعی آپ نیکوں سے ہیں O

۳۷۔	جواب دیا کہ نہ آئے گا تم دونوں کے پاس وہ کھانا جو تم کو دیا جاتا ہے، مگر بتا چکا ہوں گا میں تم کو تعبیر، اس کے آنے سے پہلے۔ یہ یوں، کہ سکھا دیا مجھ کو میرے پروردگار نے۔ بیشک میں نے

چھوڑ دیا اس قوم کے دھرم کو، جو نہ مانیں اللہ کو، اور وہ آخرت کے منکر ہیں O

۳۸۔ اور میں نے پیروی کی اپنے باپ دادوں، ابراہیم و اسحاق و یعقوب کے دین کی۔ ہمیں حق نہیں کہ شریک بنائیں اللہ کا کسی چیز کو۔ یہ اللہ کے فضل سے ہے ہم پر اور لوگوں پر، لیکن بہت یرے لوگ ناشکرے ہیں O

۳۹۔ اے دونوں قیدیو! کیا بہت سے جداگانہ رب اچھے ہیں، یا ایک اللہ قہر والا؟ O

۴۰۔ جس کو تم لوگ معبود بناتے ہو اللہ سے الگ، کچھ نہیں ہے مگر فرضی نام، جو رکھ ڈالا ہے تم نے اور تمہارے باپ دادوں نے، نہیں نازل فرمایا اللہ نے ان کی کوئی سند۔ نہیں ہے حکم، مگر اللہ کا۔

اس نے حکم دیا کہ نہ پوجو مگر اسی کو۔ یہی ہے سیدھا طریقہ۔ لیکن بہتیرے لوگ نادانی کرتے ہیں O

۴۱. اے قید خانہ کے ساتھیو! رہا تم میں کا ایک، تو وہ شراب ساقی ہوگا اپنے مربی کا۔ اور رہا دوسرا، تو پھانسی دیا جائے گا۔ پھر پرند اس کی کھوپڑی کو نوچیں گے۔ بات طے شدہ ہے، جس کو تم دونوں پوچھتے ہو O

۴۲. اور تاکید کی اسے، جس کے متعلق خیال کیا، کہ وہ چھوٹنے والا ہے، "کہ میرا ذکر اپنے مربی کے پاس کرنا"۔ اس کو شیطان نے بھلا دیا، کہ اپنے مربی کے پاس ذکر کرے۔ چنانچہ رہ گئے یوسف قید خانہ میں کئی سال O

۴۳. اور سوال کیا بادشاہ نے، کہ "میں خواب میں دیکھتا ہوں، سات گائیں موٹی، جنہیں کھا رہی ہیں سات دبلی، اور سات ہرے خوشے

اور دوسرے سوکھے۔ اے سردارو! بولو میرے خواب کے بارے میں، اگر تم خواب کی تعبیر جانتے ہو O

۴۴. سب نے کہا کہ خواب خیال ہے۔ اور ہم پریشاں خوابی کی تعبیر نہیں جانتے O

۴۵. اور بول پڑا وہ، جوان دونوں قیدیوں سے بچا تھا اور یاد آگیا تھا ایک مدت کے بعد، کہ میں بتاؤں گا اس کی تعبیر، مجھ کو قیدخانہ میں بھیج دو O

۴۶. یوسف، اے دوست، ہمیں تعبیر بتا دو اس کی، کہ سات موٹی گائیں ان کو سات دبلی کھا رہی ہیں، اور سات ہرے خوشے اور دوسرے سوکھے۔ کہ میں لوگوں میں جاؤں، تو وہ بھی جان جائیں O

۴۷. جواب دیا کہ کھیتی کرو گے سات سال برابر۔ تو جو بھی کاٹا اس کو چھوڑ دو اس کی بالی میں، مگر تھوڑا سا جو کھاؤ O

۴۸۔ پھر آئے گا اس کے بعد سات سخت سال، جو کھا جائیں گے جو پہلے رکھ لیا تھا تم نے، مگر تھوڑا سا جو تم بچا لو O

۴۹۔ پھر آئے گا اس کے بعد، ایسا سال جس میں عام بارش کی جائے گی اور اس میں سب رس نچوڑیں گے O

۵۰۔ اور کہا بادشاہ نے "کہ لے آؤ ان یوسف کو میرے پاس، "چنانچہ جب آیا ان کے پاس قاصد، تو کہا "کہ لوٹ جاؤ اپنے مالک کی طرف، پھر ان سے پوچھو کہ کیا حال ہے ان عورتوں کا، جنھوں نے کاٹ ڈالا تھا اپنے ہاتھوں کو۔ بیشک میرا پروردگار ان کے فریب کا دانا ہے O

۵۱۔ دریافت کیا بادشاہ نے کہ اے عورتو! "تمہارا کیا واقعہ ہے جب تم نے یوسف کو رجھایا تھا ان کی خودداری سے"، سب کہ کہنا پڑا "کہ حاشا اللہ! ہمیں ان پر کسی جرم کا علم نہیں"۔ تو اقرار کر لیا عزیز کی

بی بی نے، کہ اب حق ظاہر ہو گیا۔ میں نے ہی اس کو لبھایا تھا اس کی خودداری سے، اور بیشک وہ سچے ہیں O

۵۲. یہ اس لیئے، ''تا کہ وہ جان لے کہ میں نے کوئی خیانت نہیں کی پیٹھ پیچھے۔ اور اللہ راہ نہیں دیتا، خائنوں کے فریب کو O

۵۳. اور میں پاک نہ بتاتا اپنے نفس کو، کہ نفس تو بلاشبہ برائی کا بڑا حکم دینے والا ہے، مگر ہاں جو رحم فرما دے میرا پروردگار۔ بیشک میرا پروردگار مغفرت فرمانے والا بخشنے والا ہے O

۵۴. اور حکم دیا بادشاہ نے کہ لاؤ میرے پاس انہیں، میں انہیں خالص اپنے لیئے رکھوں گا۔ چنانچہ جب بات چیت کی ان سے، تو کہہ دیا کہ بلاشبہ آج ہی آپ ہمارے معزز معتمد ہیں O

۵۵. جواب دیا کہ مجھے کر دیجیئے زمین کے خزانوں پر، بیشک میں حفاظت کرنے والا علم والا ہوں O

۵۶.	اور اس طرح ہم نے جمایا یوسف کو اس سرزمین میں، کہ قیام کریں اس میں سے جہاں چاہیں۔ ہم پہنچائیں اپنی رحمت کو جس کو چاہیں، اور نہیں ضائع کرتے مخلصوں کی اجرت کو O

۵۷.	اور بلاشبہ آخرت کا ثواب بہتر ہے ان کے لئے جو ایمان لا چکے اور ڈرتے رہے O

۵۸.	اور آئے یوسف کے بھائی لوگ، تو داخل ہوئے ان کے دربار پر، تو انہوں نے پہچان لیا ان سب کو، اور وہ سب ان کے انجان رہے O

۵۹.	اور جب تیار کر دیا انہیں ان کے سازو سامان کے ساتھ، تو فرمائش کی، کہ ''لے آنا تم اپنے علاقی بھائی کو''۔ ''کیا تم نہیں دیکھتے؟ کہ ہم پوری ناپ ناپتے ہیں اور بڑے مہمان نواز ہیں O

۶۰.	پھر بھی اگر نہ لائے تو میرے پاس ان کو، تو کسی ناپ کا تم کو میرے یہاں حق نہیں، اور نہ میرے پاس آنا O

۶۱.	سب نے اقرار کیا کہ ہم جاتے ہی سمجھائیں گے ان کے لئے ان کے باپ کو اور ضرور ہمیں یہ کرنا ہے O

۶۲.	اور سکھا دیا اپنے نوکروں کو کہ رکھ دو ان کی پونجیاں ان کی خرجیوں میں، کہ وہ اسے پہچانیں گے جب پہنچ چکیں گے اپنے اہل و عیال کی طرف، امید ہے کہ سب لوٹ کر آئیں گے O

۶۳.	چنانچہ جب وہ لوٹ کر گئے اپنے باپ تک، عرض کیا کہ اے ہمارے باپ روک دی گئی ہم سے ناپ، تو بھیج دیجئے ہمارے ساتھ ہمارے بھائی کو، کہ ہمیں ناپ کا حق ہو، اور ہم سب ان کی نگرانی کرنے والے ہیں O

۶۴. جواب دیا کہ نہیں میں بھروسہ کرتا تمہارا اس پر مگر جس طرح کہ بھروسہ کیا تھا تمہارا اس کے بھائی پر پہلے۔ تو اللہ سب سے بڑھ کر نگرانی فرمانے والا ہے۔ اور وہی سب رحم کرنے والوں سے زیادہ رحم فرمانے والا ہے O

۶۵. اور جب انہوں نے کھولا اپنا اپنا سامان، تو پایا اپنی پونجیوں کو، کہ واپس کر دی گئیں ہیں انہیں۔ سب بول پڑے کہ ہمارے باپ اب ہمیں کیا چاہیے؟ یہ ہماری پونجیاں واپس کر دی گئیں ہمیں۔ اور ہم اب تو اپنے گھر والوں کے لئے اناج لائیں گے، اور اپنے بھائی کی نگرانی رکھیں گے، اور ایک اونٹ کے بوجھ کی ناپ لیں گے، یہ تو معمولی ناپ ہے O

۶۶. جواب دیا، کہ "ہم ہرگز نہ بھیجیں گے اسے تمہارے ساتھ، یہاں تک کہ دے دو تم سب مضبوط عہد اللہ کا، کہ ضرور لے کر آؤ

گے میرے پاس اسے، مگر یہ کہ گھیرا ڈال دیا جائے تم پر"۔ تو جب سب نے اپنا عہد دے دیا، کہا کہ اللہ کا ہمارے کہے پر ذمہ ہے O

۶۷. اور سمجھایا کہ "اے میرے بیٹو! مت داخل ہونا ایک دروازہ سے، اور داخل ہو الگ الگ دروازوں سے۔ اور نہیں بے پرواہ کر سکتا میں تم کو اللہ سے کچھ۔ حکم نہیں، مگر اللہ کا۔ اسی پر میں نے بھروسہ کرلیا ہے۔ اور اسی پر تو بھروسہ والے بھروسہ رکھیں O

۶۸. اور جب داخل ہوئے جس طرح حکم دیا تھا ان کو ان کے باپ نے، وہ بے پرواہ نہیں کر رہے تھے ان کو اللہ سے کچھ بھی، مگر فطری خواہش تھی یعقوب کے جی کی، جس کو پورا کرلیا۔ اور بلاشبہ وہ علم والے تھے جو ہم نے سکھا دیا تھا انہیں، لیکن بہتیرے لوگ نادانی کرتے ہیں O

۶۹. اور جب سب داخل ہوئے دربار یوسف پر، تو جگہ دی اپنے پاس اپنے بھائی کو، کہہ دیا کہ ''میں ہی تمہارا بھائی ہوں، تو اب کچھ خیال نہ کروان سب کے کیے گا O

۷۰. پھر جب مہیا کر دیا انہیں ان کا سامان، تو رکھ دیا پیالے کو اپنے بھائی کی خورجی میں، پھر پکارا ایک پکارنے والے نے، ''اے قافلہ والو تم ضرور چور ہو O

۷۱. سب بولے اور سامنے آئے، کہ ''کیا چیز تمہاری گم ہے؟'' O

۷۲. انہوں نے جواب دیا کہ ''ہم سے گم ہے بادشاہ کا پیمانہ، اور جو اسے لے آئے، ایک اونٹ کا بوجھ لے لے، اور میں اس کا ذمہ دار ہوں O

۷۳۔ سب بولے "قسم خدا کی آپ لوگوں کو علم ہے کہ ہم نہیں آئے تھے کہ فساد مچائیں زمین میں، اور نہ ہم پہلے کے چور ہیں O

۷۴۔ جواب دیا کہ "اس کی سزا تجویز کرو اگر تم جھوٹے ہو O

۷۵۔ سب نے مان لیا، کہ "اس کی سزا جس کی خرجی میں پایا جائے وہی اس کا بدلہ ہے"۔ اسی طرح ہم اندھیر مچانے والوں کو سزا دیا کرتے ہیں O

۷۶۔ تو شروع کیا ان سب کے برتنوں سے اپنے بھائی کے برتن سے پہلے، پھر نکالا اس پیمانہ کو اپنے بھائی کے برتن سے۔ اس طرح ترکیب سکھائی ہم نے یوسف کو۔ کہ وہ لے نہیں سکتے تھے اپنے بھائی کو، شاہی قانون میں، مگر یہ کہ اللہ چاہے۔ ہم بلند فرماتے ہیں درجے جس کے چاہیں۔ اور ہر علم والے کے اوپر علم والا ہے O

۷۷.   سب سے کہا ؒ کہ اگر اس نے واقعی چوری کی ہو، تو واقعہ یہ ہے کہ چوری کی تھی ان کے ایک بھائی نے پہلے،'' تو رکھ لیا اس کو یوسف نے اپنے جی میں، اور نہیں ظاہر کیا انہیں۔ دل میں کہا ؒ کہ تم لوگ بلے درجہ کے شریر ہو۔ اور اللہ خوب جانتا ہے جو بول رہے ہوO

۷۸.   سب نے درخواست کی، کہ اے عزیز! اس کا ایک باپ ہے بڑا بڈھا، تو گرفتار کر لیجے ہم میں سے کسی کو اس کی بجائے، ہم آپ کے احسان کرنے والوں سے سمجھ رہے ہیںO

۷۹.   حکم دیا کہ ''خدا کی پناہ، کہ میں گرفتار کروں مگر اسے، کہ ہم نے پایا اپنا مال جس کے پاس۔ ورنہ ہم بھی ظالموں سے ہو جائیں''O

۸۰.   پس جب نا امید ہو گئے ان سے، تو کنارے گئے کانا پھوسی کرتے۔ ان میں کا بڑا بولا، ؒ کہ کیا تم کو معلوم نہیں کہ تمہارے باپ

نے لے رکھا ہے تم سے اللہ کا مضبوط ذمہ ، اور پہلے جو زیادتی کر چکے ہو تم یوسف کے بارے میں، میں تو ہرگز نہ کھسکوں گا اس سرزمین سے یہاں تک کہ اجازت دیں مجھ کو میرے باپ، یا فیصلہ فرما دے اللہ میرا۔ اور وہ اچھا فیصلہ فرمانے والا ہے O

۸۱.   لوٹ جاؤ اپنے باپ کے پاس، پھر عرض کرو کہ اے ہمارے باپ، بیشک آپ کے بیٹے نے چوری کی، اور ہم نے وہی کہا جو دیکھ کر جانا، اور ان دیکھے ہم ذمہ دار نہ تھے O

۸۲.   اور دریافت کر لیجئے آبادی بھر سے جہاں ہم تھے، اور اس قافلے سے جس میں ہم آئے، اور ہم واقعی سب سچے ہیں O

۸۳.   جواب دیا "بلکہ بنا لیا تمہارے لئے تمہاری طبیعتوں نے ایک بہانہ، تو صبر اچھا ہے۔ اللہ سے امید ہے کہ لائے گا میرے پاس ان سب کو اکٹھا۔۔۔ بیشک وہ علم والا حکمت والا ہے O

۸۴.	اور بے رخی کرلی ان سب سے، اور فریاد کی کہ ہائے افسوس فراق یوسف پر، اور سپید پڑ گئیں ان کی دونوں آنکھیں گریہ غم سے، پھر وہ سارا غم پیٹ میں لئے رکھے ہیں O

۸۵.	سب نے سمجھایا کہ ''اللہ کی قسم ہر وقت آپ یاد کیا کرتے ہیں یوسف کو، یہاں تک کہ بیمار ہو جائیں یا مرنے والوں سے ہو جائیں O

۸۶.	جواب دیا کہ میں بس فریاد کرتا ہوں اپنی پریشانی و رنج کی اللہ سے، اور میں جانتا ہوں اللہ کی طرف سے جو تم نہیں جانتے O

۸۷.	اے بیٹو جاؤ، پھر تلاش کرو یوسف اور اس کے بھائی کو، اور نا امید مت ہو اللہ کی رحمت سے۔ بیشک نہیں نا امید ہوتے اللہ کی رحمت سے، مگر کافر لوگ O

۸۸۔ پھر جب سب داخل ہوئے ان پر، بولے کہ ''اے عزیز! ہم کو اور ہمارے گھر والوں کو نقصان لگ گیا اور ہم لے آئے ہیں ناچیز پونجی، تو ہمیں پوری ناپ سے دیجئے اور ہم پر خیرات بھی کیجئے۔ بیشک اللہ بدلہ دے صدقہ دینے والے کو O

۸۹۔ جواب دیا ''کیا تم کو معلوم ہے جو تم نے کیا ہے یوسف اور اس کے بھائی کے ساتھ جب تم نادان تھے؟ O

۹۰۔ سب نے کہا کہ ''کیا آپ ہی یوسف ہیں؟'' جواب دیا ''میں یوسف ہوں اور یہ میرا بھائی ہے۔ بیشک احسان فرمایا اللہ نے ہم پر۔ بیشک جو ڈرے اور صبر کرے، تو اللہ نہیں ضائع فرماتا مخلصوں کی اجرت کو O

۹۱۔ سب بولے ''اللہ کی قسم کہ بیشک اللہ نے آپ کو ہم پر بڑائی دی، اور ہم بلاشبہ خطاکار تھے O

۹۲.   یوسف بولے ”کہ کوئی گرفت نہیں تم پر آج۔ اللہ تمہیں
بخش دے، اور وہ بڑا رحم والا ہے O

۹۳.   لے جاؤ میرا یہ کرتا، پھر ڈال دو میرے باپ کے چہرے
پر، ہو جائیں گے آنکھ والے۔ اور لے آؤ میرے پاس اپنے سب
اہل و عیال کو O

۹۴.   اور جب قافلہ کچھ دور چلا، تو کہنے لگے ان کے باپ، ”کہ بلاشبہ
میں پا رہا ہوں یوسف کی بو، اگر نہ بڑھاپے کی بہک قرار دو O

۹۵.   سب نے کہا ”اللہ کی قسم آپ تو اپنی پرانی وارفتگی میں ہیں O

۹۶.   پھر جب آ گیا خوشخبری لانے والا، ڈال دیا اس کرتے کو ان
کے چہرہ پر، تو وہ پھر ہو گئے آنکھ والے۔ بولے، کہ ”کیا نہیں کہا تھا
میں نے تم لوگوں کو، کہ ”بیشک میں علم رکھتا ہوں اللہ کے فضل سے،
جو تم لوگ نہیں جانتے O

۹۷.	سب نے عرض کیا، کہ ''اے ہمارے باپ، مغفرت چاہیے ہماری، ہمارے گناہوں کی، در حقیقت ہم خطا کار تھے O

۹۸.	جواب دیا، کہ ''جلد ہی میں تمہاری بخشش چاہوں گا اپنے پروردگار سے، یقیناً وہی بخشنے والا رحم والا ہے O

۹۹.	پھر جب سب داخل ہوئے یوسف پر، تو اپنے پاس بٹھایا اپنے ماں باپ کو، اور مبارک باد دی ''کہ مصر میں آؤ، اللہ نے چاہا تو امن وامان کے ساتھ O

۱۰۰.	اور اوپر چڑھایا اپنے ماں باپ کو تخت پر، اور سب کے سب گر گئے یوسف کے لئے سجدہ کرتے ہوئے۔ اور کہا یوسف نے ''کہ اے میرے باپ، یہ ہے تعبیر میرے خواب کی جو پہلے ہوا تھا۔ حقیقت میں کر دیا اسے میرے پروردگار نے ٹھیک واقعہ، اور بلاشبہ اس نے احسان فرمایا مجھ پر، جب کہ نکالا مجھ کو قید خانہ سے، اور لے آیا

تم لوگوں کو دیہات سے، بعد اس کے کہ کونچا لگا دیا تھا شیطان نے میرے اور میرے بھائیوں کے درمیان۔ بیشک میرا پروردگار لطف فرماتا ہے جسے چاہے، بیشک وہ علم والا حکمت والا ہے O

۱۰۱۔ پروردگار! بیشک تو نے دی ہے مجھے سلطنت، اور سکھایا مجھے باتوں کا انجام بتانا۔ اے پیدا کرنے والے آسمانوں اور زمین کے ... تو میرا کارساز ہے دنیا و آخرت میں۔ مجھے مسلمان اٹھا، اور مجھ کو ملا دے اپنے لائقوں کے ساتھ O

۱۰۲۔ یہ غیب کی باتیں ہیں جن کی وحی فرماتے ہیں ہم تمہاری طرف، حالانکہ تم ان کے پاس نہ تھے، جب وہ سب ایک رائے ہوئے تھے اپنے معاملہ میں، اور ترکیب نکالیں O

۱۰۳۔ اور بہتیرے لوگ، گو تم کتنا ہی چاہو، نہ مانیں گے O

۱۰۴۔ حالانکہ تم ان سے نہیں مانگتے اس پر کچھ دام۔ یہ تو صرف سارے عالم کے لئے نصیحت ہے O

۱۰۵۔ اور کتنی نشانی ہیں آسمانوں اور زمین میں جن پر وہ گزر جاتے ہیں، اور وہ منہ ان سے پھیرے ہیں O

۱۰۶۔ اور ان کے بہتیرے اللہ کو مانتے ہی نہیں، مگر شرک کرتے ہوئے O

۱۰۷۔ تو کیا اس سے مطمئن ہو گئے ہیں کہ چھاپ لے انہیں اللہ کا عذاب، یا پھٹ پڑے قیامت کا عذاب اچانک، اور انہیں خبر نہ ہو O

۱۰۸۔ پکار دو کہ "یہ ہے میری راہ، بلا رہا ہوں اللہ کی طرف... دل کے یقین پر میں ہوں اور جس نے میری پیروی کی۔ اور اللہ پاک ہے، اور میں مشرکوں سے نہیں ہوں O

۱۰۹۔   اور نہیں بھیجا ہم نے تم سے پہلے مگر کئی مرد کو، کہ ہم وحی بھیجیں ان کے پاس آبادی والوں سے۔ تو کیا نہیں سیر کی ان لوگوں نے اس سر زمین کی؟ کہ دیکھیں کہ کیسا ہوا انجام ان کا، جو ان کے پہلے تھے۔ اور بلاشبہ دار آخرت زیادہ بہتر ہے ان کے لئے جو ڈرا کیے، تو کیا تم کچھ نہیں سمجھتے؟ O

۱۱۰۔   یہاں تک کہ جب رسولوں نے جلد عذاب آنے کی امید چھوڑ دی، اور عوام نے سمجھ لیا کہ ان سے عذاب آنے کو جھوٹ کہا گیا تھا، کہ آ گئی ہماری مدد، تو بچا لیا گیا جس کہ ہم چاہیں، اور نہیں واپس کیا جاتا ہمارا عذاب جرائم پیشہ قوم سے O

۱۱۱۔   بلاشبہ ان کے واقعات میں سبق ہے عقل والوں کے لئے۔ یہ گڑھی بات نہیں ہے، بلکہ تصدیق ہے اگلی کتابوں کی۔ اور ہر چیز کا

مفصل بیان ہے۔ اور ہدایت و رحمت ہے ان کے لئے جو مان جائیں O

۱۳۔ سورۃ الرعد

نام سے اللہ کے بڑا مہربان بخشنے والا O

۱۔   الم راء ... یہ ہیں کتاب کی آیتیں۔ اور جو نازل کیا گیا تمہاری طرف تمہارے پروردگار کی طرف سے، بالکل درست ہے۔ لیکن بہتیرے عوام نہیں مانتے O

۲۔   اللہ ہے جس نے بلند فرمایا آسمانوں کو بے ستون کے، تم خود اسے دیکھ رہے ہو، پھر متوجہ ہوا عرش پر، اور مسخر فرمایا سورج اور چاند کو۔ ہر ایک چل رہا ہے نامزد کیے ہوئے وقت تک۔ وہ تدبیر

فرماتا ہے کام کی، تفصیل فرماتا ہے آیتوں کی، کہ تم اپنے پروردگار سے ملنے پر یقین کرلو O

۳. اور وہی ہے جس نے پھیلادی زمین، اور پیدا فرمادیا اس میں پہاڑوں کو اور نہروں کو۔ اور ہر طرح کے پھلوں سے پیدا فرمادیا دو دو قسم کے، ڈھانپ لینا ہے رات سے دن کو۔ بیشک ان میں ضرور نشانیاں ہیں ان کے لئے جو غوروفکر کریں O

۴. اور زمین میں کئی قطع ہیں آس پاس، اور باغ ہیں انگوروالے، اور کھیتی ہے، اور کھجور کے درخت ایک جڑ سے کئی، اور الگ الگ۔ دیا جاتا ہے ایک ہی پانی... اور بڑھا دیتے ہیں ہم ان میں سے کسی کو دوسرے پر کھانے میں۔ بیشک ان میں ضرور نشانیاں ہیں ان کے لئے جو عقل سے کام لیں O

۵۔ اور اگر تم تعجب کرنا چاہو، تو عجیب چیز ہے ان کا یہ کہنا، کہ کیا جب ہم مٹی ہو گئے، تو کیا نئی بناوٹ میں آئیں گے''... یہ ہیں جنہوں نے انکار کر دیا اپنے پروردگار کا۔ اور یہ ہیں کہ طوق ہیں ان کی گردنوں میں۔ اور یہی ہیں جہنم والے۔ اس میں ہمیشہ رہنے والے O

۶۔ اور جلدی مچاتے ہیں تم سے عذاب کی، رحمت سے پہلے، حالانکہ گزر چکی ہیں ان سے پہلے کافروں پر سزائیں۔ اور بیشک تمہارا پروردگار لوگوں پر مغفرت والا ہے، ان کے اندھیر مچانے پر بھی۔ اور بیشک تمہارا پروردگار ضرور سخت عذاب دینے والا ہے O

۷۔ اور کہتے ہیں جنہوں نے انکار کو پیشہ بنا لیا ہے، کہ ''کیوں نہیں اتاری جاتی ان پر کوئی نشانی ان کے پروردگار کی طرف سے''۔ تم صرف ڈرانے والے ہو اور ہر قوم کے رہنما O

۸۔ اللہ جانتا ہے جو پیٹ میں لیتی ہے ہر مادہ، اور جو گھٹتے بڑھتے ہیں سارے رحم۔ اور ہر چیز اس کے یہاں ایک مقدار سے ہے O

۹۔ جاننے والا ہے غیب و شہادت کا، بڑائی والا بلند و بالا O

۱۰۔ خواہ تم میں کوئی چپکے بات کرے، خواہ زور سے، اور خواہ کوئی چھپے رات میں، یا راہ چلے دن کو O

۱۱۔ اس کے لئے بدلی والی ہستیاں ہیں، اس کے آگے اور پیچھے، جو نگرانی کریں اس کی اللہ کے حکم سے۔ بیشک اللہ نہیں پلٹتا کسی قوم کو، یہاں تک کہ وہ پلٹ دیں خود اپنے کو۔ اور جب ارادہ کر لیا اللہ نے کسی قوم کے لئے عذاب کا، تو پھر اس کا پھرنا نہیں۔ اور نہیں ہے ان کا اللہ کو چھوڑ کر کوئی مددگار O

۱۲۔ وہی ہے جو دکھاتا ہے تم کو بجلی، ڈرانے اور للچانے کو، اور اٹھاتا ہے بادل بھاری بھاری O

۱۳.   اور گرج اس کی پاکی ظاہر کرتی ہے حمد کے ساتھ، اور فرشتے اس کے ڈر سے۔ اور بھیجتا ہے کڑک کو، پھر پہنچا دیتا ہے اس کو جس کو چاہے۔ اور وہ لوگ تو جھگڑتے ہیں اللہ کے بارے میں، حالانکہ وہ سخت گرفت والا ہے O

۱۴.   اسی کے لئے ہے حق کی دعا پکار۔ اور جو لوگ پکارتے ہیں اس کو چھوڑ کر فرضیوں کو، تو وہ نہیں جواب دیتے انہیں کچھ، مگر جیسے کوئی اپنی دونوں ہتھیلی پھیلائے پانی کی طرف، کہ وہ منہ میں پہنچ جائے، اور وہ پہنچنے والا نہیں۔ اور نہیں ہے کافروں کی دعا، مگر بھٹکتی بھٹکتی O

۱۵.   اور اللہ ہی کے لئے سجدہ کرتے ہیں جو آسمانوں میں اور زمین میں ہیں، بخوشی و بہ مجبوری، اور ان کے سائے صبح و شام O

۱۶.   سوال کرو "کہ کون پالنے والا ہے آسمانوں اور زمین کا؟" جواب بھی بتا دو، کہ "اللہ"۔ پوچھو، تو کیا تم نے بنا لیا اس کو چھوڑ کر

مقابلہ کے مددگار، جو نہیں مالک ہیں خود اپنے نفع و نقصان کے"۔

پوچھو، کہ "کیا برابر ہیں اندھے اور انکھیارے؟ یا کیا برابر ہیں تاریکیاں اور اجالا؟ یا بنا لیا ہے اللہ کے کئی شریک، جنہوں نے پیدا کیا، مثل پیدا کرنے اللہ کے، تو مل جل گئی دونوں کی بناوٹ ان کے طور پر"۔ تم کہہ دو، "کہ اللہ ہر چیز کا بنانے والا ہے، اور وہی اکیلا سب پر غالب ہے O

۱۷. برسایا بلندی سے پانی، تو بہنے لگے نالے اپنی وسعت بھر۔ پھر اچھالا بہاؤ نے بڑھی چڑھی بھاگ۔ اور وہ، جسے دہکاتے ہیں آگ میں، خواہش میں گہنا، یا سامان کے جھاگ ہے، اسی کے مثل۔ اس طرح ضرب المثل فرماتا ہے اللہ، حق و باطل کی... پس جھاگ تو دور ہو جاتی ہے بیکار ہو کر، اور جو لوگوں کے لئے مفید ہے وہ رہ جاتی ہے زمین میں۔ اس طرح ضرب المثل بیان کرتا ہے اللہ O

۱۸. جنہوں نے قبول کر لیا اپنے پروردگار کے پیغام کو ان کی نجات اچھی ہے۔۔۔ اور جنہوں نے نہیں قبول کیا اسے، اگر ان کا ہو جائے جو کچھ زمین میں ہے سب، اور اس کے ساتھ اس کے برابر اور ملا کر صدقہ کر دیتے سب کو، تو بھی وہی ہیں جن کے لئے برا حساب ہے۔۔۔ اور ان کا ٹھکانہ جہنم ہے۔ اور کتنا برا بچھونا ہے O

۱۹. تو کیا جو جانتا ہے کہ جو کچھ نازل فرمایا گیا ہے تمہارے طرف تمہارے پروردگار کی طرف سے ٹھیک درست ہے، ایسا ہے، جیسے کوئی اندھا؟ نصیحت قبول کرتے ہیں صرف عقل والے O

۲۰. جو پورا کریں اللہ کے عہد کو، اور نہ توڑیں معاہدہ کو O

۲۱. اور جو ملائیں جس کا حکم دیا اللہ نے کہ ملایا جائے، اور ڈریں اپنے پروردگار کو، اور خوف کھائیں حساب کے انجام بد کا O

۲۲۔ اور جنھوں نے صبر کیا اپنے پروردگار کی خوشنودی کے لئے، اور پابندی کی نماز کی، اور خرچ کیا جو ہم نے دے رکھا ہے انہیں، چھپا کر اور ان سب کے سامنے، اور جو ٹال دیتے ہیں برائی کو بھلائی کرنے سے، وہ ہیں، کہ انہیں کے لئے ہے گھر کا انجام خیر O

۲۳۔ سدا بہار باغوں کا، جس میں وہ داخل ہوں گے۔ اور جو لائق ہوئے، ان کے باپ دادے، اور ان کی بیویاں، اور ان کی اولاد، اور فرشتے داخل ہوں گے ان کی خدمتوں پر، ہر دروازہ سے O

۲۴۔ یوں کہ سلامتی ہے تم پر، جو تم نے صبر کیا۔ تو کتنا اچھا ہے گھر کا انجام خیر O

۲۵۔ اور جو توڑ ڈالیں اللہ کے عہد کو اس کو مضبوط کر لینے کے بعد، اور کاٹ دیں جس کو حکم دیا اللہ نے ملانے کا، اور فساد مچائیں زمین

میں، وہ ہیں کہ انہیں کے لئے لعنت ہے، اور ان کے لئے ہے گھر کا برا ہوناO

۲۶. اللہ کشادہ فرماتا ہے روزی کو جس کے لئے چاہے، اور وہی تنگ کرتا ہے۔ اور عوام تو مگن رہے دنیاوی زندی میں، حالانکہ نہیں ہے دنیاوی زندگی آخرت، مگر چند دن کا ٹھہرناO

۲۷. اور بکتے ہیں جنھوں نے انکار کو پیشہ بنا لیا، کہ "کیوں نہیں اتاری جاتی ان نبی پر کوئی نشانی ان کے پروردگار کی؟" جواب دے دو، "کہ حقیقت یہ ہے اللہ بے راہ رکھے جس کو چاہے، اور اپنی راہ پر لاتا ہے جو اس کی طرف لوٹاO

۲۸. جو لوگ سب مان گئے، اور ان کے دل چین پاتے ہیں اللہ کے ذکر سے، یاد رکھو اللہ کے ذکر سے چین پا جاتے ہیں دلO

۲۹. جو لوگ سب مان گئے اور نیک کام کیے، خوشخبری ہے ان کے لئے اور انجام کی خیریت O

۳۰. اسی طرح رسول بنایا ہم نے تمہیں ایسی امت میں، کہ بیشک ہو گزری ہیں ان سے پہلے کئی امتیں، تاکہ تلاوت کرو ان پر جو وحی بھیجی ہم نے تمہارے طرف، اور وہ لوگ انکار کر رہے ہیں رحمان کا۔ تم جتا دو، کہ "وہی میرا پروردگار ہے، نہیں ہے کوئی معبود اس کے سوا۔ اسی پر میں نے بھروسہ کیا، اور اسی کی طرف میرا لوٹنا ہے O

۳۱. اور وہ منکر ہی رہتے، گو بلاشبہ قرآن، ٹال دیے جاتے اس کے ذریعہ سے پہاڑیاں چیتھڑے کر دی جاتی زمین اس سے، یا بات چیت کرا دی جاتی اس کے وسیلہ سے مردوں سے۔ بلکہ اللہ ہی کے لئے ہے سارا اختیار۔ تو کیا نہیں نا امید ہوئے جو ایمان لا چکے، اس بات سے کہ اگر اللہ چاہتا، تو سب لوگوں کو راہ دے دیتا۔ اور ہمیشہ

انہیں جو کافر ہیں، پہنچتی رہے گی ان کے کیے کرتوت کی وجہ سے دھمکی، یا اترے گی ان کے گھروں سے نزدیک، یہاں تک کہ آجائے اللہ کا وعدہ۔ بیشک اللہ، نہیں خلاف فرماتا وعدہ کاO

۳۲. اور بلاشبہ ٹھٹھے کیے گئے رسولوں سے تم سے پہلے، تو مہلت دے دی میں نے انہیں جو کافر ہیں، پھر پکڑا میں نے انہیں... تو کیسا کچھ تھا میرا عذابO

۳۳. تو کیا ہے کوئی، وہ اللہ تو ہر ہستی پر نگرانی فرمانے والا ہے جو ان کے کرتوت ہوں۔ اور کافروں نے بنا ڈالے اللہ کے کئی شریک۔ سوال کرو، کہ "ان کے نام تو بتاؤ؟ یا خبر دے رہے ہو اللہ کو اس کی، جو اس کے علم میں زمین بھر میں نہیں ہے، یا دکھاوے کی بولی ہے"۔ بلکہ بھلا لگنے لگا کافروں کو اپنا فریب اور روک دیے گئے راہ سے۔ اور جسے بے راہ رکھے اللہ، تو نہیں ہے اس کا کوئی رہنماO

۳۴. ان کے لئے عذاب ہے دنیاوی زندگی میں اور بیشک آخرت کا عذاب زیادہ سخت ہے۔ اور نہیں ہے ان کا اللہ سے کوئی بچانے والاO

۳۵. جنت کا بیان ہے، جس کا وعدہ کیا گیا ڈر والوں کو، بہتی ہیں اس کے نیچے نہریں۔ ان کے میوے اور سائے سدا بہار۔ یہ انجام ہے ان کا جو ڈرا کیے۔ اور کافروں کا انجام آگ ہے O

۳۶. اور جنھیں دی ہے پہلے ہم نے کتاب، وہ خوش ہوتے اس سے جو اتار گیا تمہاری طرف، اور کافروں کی پارٹیوں میں سے وہ ہے، جو انکار کر دیتا ہے اس میں سے کچھ کا۔ تم سب سے کہہ دو، کہ مجھے یہ حکم دیا گیا ہے کہ اللہ کو معبود جانوں اور اس کا کوئی شریک نہ بناؤں۔ اسی کی طرف میں "بلا رہا ہوں اور اسی کی طرف میرا لوٹنا ہے O

۳۷. اور اسی طرح اتارا ہم نے حکم عام عربی زبان میں۔ اور اگر تم بالفرض، پیچھے چل پڑتے ان کافروں کی خواہشوں کے، بعد اس کے کہ آچکا تھا تمہیں علم، تو نہ رہ جاتا تمہارا اللہ کی طرف سے کوئی مددگار، نہ کوئی بچانے والا O

۳۸. اور بیشک بھیجا ہم نے کئی رسول تم سے پہلے اور کیئے ہم نے ان کی بیویاں اور اولاد۔ اور نہیں ہے کسی رسول کو، کہ لے ہی آئے نشانی، مگر اللہ کے حکم سے۔ ہر مدت لکھی ہوئی ہے O

۳۹. اللہ مٹائے جسے چاہے، اور وہی ثابت بھی رکھتا ہے۔ اور اس کے پاس ہے لکھے ہوئے کی بنیاد O

۴۰. اور اگر ہم دکھادیں تمہیں کو بعض وعدہ جو ہم دیتے ہیں انہیں یا تمہاری مدت پوری کردیں، تو تم پر صرف پہنچادینا ہے، اور ہمیں پر حساب لینا ہے O

۴۱. کیا انہیں سجھائی نہیں دیتا، کہ ہم گھٹاتے جا رہے ہیں ان کی اراضی، آبادی کو ہر طرف سے۔ اور اللہ حکم فرماتا ہے، کوئی ہٹانے والا نہیں اس کے حکم کا۔ اور وہ جلد حساب کرنے والا ہے O

۴۲. اور بیشک خوب داؤں چلے ہیں جو ان سے پہلے کے ہیں تو اللہ ہی کے لئے ساری تدبیر، وہ جانتا ہے جو کمائی کرے کوئی شخص۔ اور جلد جان لیں گے کفار، کہ کس کے لئے ہے گھر کا انجام خیر۔ O

۴۳. اور بک دیتے ہیں کافر، کہ تم رسول ہی نہیں ہو"۔ جواب دے دو کہ اللہ کافی گواہ ہے میرے اور تمہارے درمیان۔ اور وہ جس کے پاس کتاب کا علم ہے O

۱۴۔ سورة ابراہیم

نام سے اللہ کے بڑا مہربان بخشنے والا O

۱. ال راء O

۲. کتاب ہے، نازل فرمایا ہم نے اس کو تمہاری طرف، تاکہ نکال دو تم لوگوں کو تاریکیوں سے اجالے کی طرف... ان کے پروردگار کے حکم سے، عزت والے سراہے ہوئے اللہ کی راہ کی طرف، وہ کہ اسی کا ہے جو کچھ آسمانوں میں ہے، اور جو کچھ زمین میں ہے، اور ہلاکی ہے کافروں کی سخت عذاب سے O

۳. جو دل سے بڑھائیں دنیاوی زندگی کو آخرت پر۔ اور روکیں
اللہ کی راہ سے، اور چاہیں اسے کج۔ وہ لوگ دراز گمراہی میں ہیں O
۴. اور نہیں بھیجا ہم نے کوئی رسول، مگر اپنی قوم کی زبان میں،
تاکہ وہ بیان کر دیں ان سے، پھر بے راہ رکھے اللہ جسے چاہے، اور
راہ دکھائے جسے چاہے۔ اور وہ عزت والا حکمت والا ہے O
۵. اور بیشک بھیجا ہم نے موسیٰ کو اپنی نشانیوں کے ساتھ، کہ
نکال لے جاؤ اپنی قوم کو اندھیریوں سے اجالے کی طرف... اور یاد
دلاؤ انہیں اللہ کے دن۔ بیشک ان میں نشانیاں ہیں ہر صبر کرنے
والے شکر گزار کے لئے O
۶. اور جب کہ کہا موسیٰ نے اپنی قوم کو، کہ یاد کرو اللہ کی نعمت
اپنے اوپر، جب کہ بچا لیا تم کو فرعونیوں سے، کہ جو بری طرح تم کو
ستاتے رہے، اور تمہارے بیٹوں کو ذبح کر دیتے، اور تمہاری بیٹیاں

زندہ چھوڑ رکھتے۔ اور ان حالات میں تمہارے پروردگار کی طرف سے

بڑی آزمائش رہی O

۷. اور جب کہ اعلان فرما دیا تمہارے پروردگار نے، کہ اگر تم شکر

ادا کرتے رہے، تو ہم ضرور زیادہ دیں گے تم کو، اور اگر ناشکری کی،

تو میری سزا بڑی سخت ہے O

۸. اور کہا موسیٰ نے اگر ناشکرے ہو جاؤ تم اور سب جو زمین میں

ہیں، تو بھی بلاشبہ اللہ، ضرور بے پرواہ سراہا ہوا ہے O

۹. کیا نہیں آئیں تمہارے پاس خبریں ان کی، جو تم سے پہلے

کے ہیں، قوم نوح و عاد و ثمود... اور جو ان کے بعد ہیں... انہیں کون

جانے سوا اللہ کے۔ لائے ان کے پاس ان کے رسول روشن دلیلیں،

تو لوٹا لیے انہوں نے اپنے ہاتھ اپنے مونہوں میں، اور بکنے لگے کہ

ہمارا انکار ہے جسے لے کر تم بھیجے گئے ہو، اور واقعی ہم تردد میں پڑے جس طرف تم ہم کو بلاتے ہو، شک رکھنے والے ہیں O

۱۰. بولے ان کے رسول، کہ "کیا اللہ میں شک ہے؟" پیدا کرنے والا آسمانوں اور زمین کا۔ تمہیں بلاتا ہے، کہ بخش دے تمہارے کچھ گناہ، اور مہلت دے تم کو ایک وقت معین تک۔ سب کافر بولے، کہ "نہیں ہو تم مگر بشر ہماری طرح، تم لوگ چاہتے ہو کہ ہمیں روک دو ان سے جن کو معبود جانتے تھے ہمارے باپ دادے، تو پھر لاؤ کھلی سند O

۱۱. جواب دیا انہیں ان کے رسولوں نے، "کہ اچھا ہم نہیں مگر تمہاری طرح چہرہ والے، پھر بھی اللہ احسان فرمائے، جس پر چاہے اپنے بندوں سے۔ اور ہمارا یہ کام نہیں کہ کوئی سند لائیں، مگر اللہ کے حکم سے۔ اور اللہ ہی پر توبھروسہ رکھتے ہیں اس کے ماننے والے O

۱۲۔ اور بھلا ہم کیسے نہ بھروسہ رکھیں اللہ پر، حالانکہ دکھا دیں اس نے ہمیں ہماری راہیں اور ہر ضرور صبر کریں گے اس مصیبت پر جو تم لوگوں نے ستا رکھا ہے ہمیں ''۔ اور اللہ ہی پر تو بھروسہ رکھتے ہیں، بھروسہ والے O

۱۳۔ اور بولے کافر لوگ اپنے رسولوں سے، ''کہ ہم ضرور نکال دیں گے تم کو اپنی اراضی سے، یا تم برگشتہ ہو کر ہو جاؤ ہمارے دھرم میں ''۔ تو وحی بھیجی ان کی طرف ان کے پروردگار نے، کہ ہم ضرور ہی ہلاک کر دیں گے ان اندھیر مچانے والوں کو O

۱۴۔ اور پرور تم کو بسائیں گے اس سرزمین پر ان کے بعد۔ یہ ہر اس کے لئے ہے، جو ڈر گیا میرے سامنے کھڑے ہونے کو، اور خوف کھا گیا میرے حکم عذاب سے O

۱۵.	اوران سب نے آخری فیصلہ کی دعا کی، اور سارے سرکش ضدی نامراد ہوئے O

۱۶.	ان کے پیچھے جہنم لگی ہے، پلایا جائے گا پانی، جیسے پیپ O

۱۷.	گھونٹ گھونٹ لیں گے اسے، اور حلق کے نیچے اترنے کی امید نہ ہوگی۔ اور اس کو آئے گی موت ہر جگہ سے، حالانکہ وہ مرا نہیں۔ اوراس کے بعد بڑا گاڑھا عذاب ہے O

۱۸.	ان کی کہاوت جنھوں نے انکار کر دیا اپنے پروردگار کا، ان کے اعمال ہیں جیسے راکھ، جس پر تیز ہوا چلی ہو آندھی کے دن میں۔ نہ پاسکیں گے جو کما رکھا ہے کچھ بھی۔ یہی ہے دراز گمراہی O

۱۹.	کیا تجھے نہیں سوجھتا؟ کہ اللہ نے پیدا فرما دیا آسمانوں اور زمین کو ٹھیک ٹھیک مضبوطی سے۔ اگر چاہے تو تم سب کو ہٹا دے، اور نئی مخلوق لے آئے O

۲۰.   اور یہ اللہ پر کچھ دشوار نہیں O

۲۱.   اور حشر میں، کہ سبھی کھلم کھلا حاضر آئے دربار الٰہی میں، تو بولے کمزور، ان سے جو بڑے بنتے تھے، "کہ ہم تو در حقیقت تمہارے پیروکار تھے، تو کیا تم ٹال سکتے ہو ہم سے عذاب سے اللہ کے کچھ"۔ انہوں نے جواب دیا، "کہ اگر راہ پر لے آتا ہم کو اللہ، تو ہم نے تمہاری رہنمائی کی ہوتی۔ یکساں ہے ہمیں کہ چیخیں چلائیں یا دم سادھ لیں، ہمارا کوئی ٹھکانہ نہیں O

۲۲.   اور شیطان بولا، جب سب کا فیصلہ ختم ہو گیا، "کہ بیشک اللہ نے وعدہ فرمایا تھا تم سے ٹھیک وعدہ، اور میں نے وعدہ کیا تم سے، پھر اس کے خلاف خود کیا، اور ہمارا تم پر کوئی زور نہ تھا، مگر یہ کہ میں نے تم کو پکارا، تو تم نے میری مان لی۔ تو مجھے برا بھلا نہ کہو، خود اپنے کو برا بھلا کہو۔ نہ میں تمہارا فریاد رس، اور نہ تم میرے فریاد رس۔ در

حقیقت مجھے انکار ہے ان سے، جو تم نے شریک ٹھہرایا تھا مجھے پہلے،'' بیشک اندھیر مچانے والوں کے لئے دکھ دینے والا عذاب ہے O

۲۳. اور داخل کیے گئے، جو مان چکے تھے اور لیاقت کے کام کیے تھے، باغوں میں، کہ بہتی ہیں جن کے نیچے نہریں، ہمیشہ رہنے والے اس میں اپنے پروردگار کے حکم سے، اس میں ان کی دعائے ملاقات ہے 'سلام O

۲۴. کیا تم نے نہیں دیکھا؟ کیسی ضرب المثل بیان فرمائی اللہ نے پاکیزہ کلامی کی، جیسے پاکیزہ درخت، جس کی جڑ مضبوط، اور اس کی شاخ آسمان میں O

۲۵. لاتا ہے اپنے میوے ہر وقت اپنے پروردگار کے حکم سے۔ اور بیان فرماتا ہے اللہ کی کہاوتیں عام لوگوں کے لئے، کہ وہ سوچیں O

۲۶. اور گندی بات کی مثال جیسے گندہ درخت، جو کاٹ دیا گیا زمین کے اوپر سے نہیں رہ گیا اس کا ٹھہراؤ O

۲۷. ثابت قدم رکھتا ہے اللہ انہیں جو مان گئے ہیں، کلمۃ الحق پر، دنیاوی زندگی میں، اور آخرت میں، اور بے راہ رکھتا ہے اللہ اندھیر مچانے والوں کو۔۔۔ اور اللہ جو چاہے کرے O

۲۸. کیا نہیں دیکھا انہیں جنھوں نے اللہ کی نعمت کے بدلے میں ناشکری کی؟ اور اتار دیا اپنی قوم کو ہلاکت خانہ O

۲۹. جہنم میں۔ اسی میں جائیں گے۔ اور کتنا برا ٹھہراؤ ہے O

۳۰. اور گڑھ لیا، اللہ کے کئی برابر۔ تاکہ بھٹکا دیں اللہ کی راہ سے۔ کہہ دو، کہ رہ لو کچھ، کیونکہ بلاشبہ تمہیں پھرنا ہے جہنم کی طرف O

۳۱. سمجھا دو میرے ماننے والے بندوں کو، کہ نماز کی پابندی رکھیں، اور خیرات کرتے رہیں، جو ہم نے ان کو روزی دی ہے، چھپا کر اور جتا کر، قبل اس کے، کہ آئے وہ دن جس میں نہ کوئی خرید فروخت ہے، اور نہ کسی کافر کا باہمی یارانہ ہے O

۳۲. اللہ ہے، جس نے پیدا فرما دیا آسمانوں کو اور زمین کو، اور اتارا اوپر سے پانی، پھر نکالا اس کے سبب طرح طرح کے پھل تمہاری روزی کے لئے، اور قابو میں کر دیا تمہارے کشتیاں، کہ چلیں دریا میں اس کے حکم سے۔ اور قابو میں کر دیا تمہارے نہروں کو O

۳۳. اور پابند کر دیا تمہارے لئے سورج اور چاند کو ہمیشہ کے چلتے پھرتے۔ اور مسخر کر دیا تمہارے لئے رات اور دن کو O

۳۴.   اور بہت کچھ دیا تمہیں جو تم نے مانگا۔ اور اگر گنو اللہ کی نعمت کو، تو اس کی گنتی نہ کر سکو گے۔ بیشک انسان ہی ہے اندھیر مچانے والا ناشکراO

۳۵.   اور جب دعا کی ابراہیم نے کہ پروردگار کر دے اس شہر کو امن والا، اور بچالے مجھے اور میرے بیٹوں کو بت پرستی سے O

۳۶.   پروردگاران بتوں نے بہتیرے لوگوں کو گمراہی میں کر دیا۔ تو جو میرے پیچھے چلا، تو بیشک وہ مجھ سے ہے۔ اور جس نے میری نافرمانی کی، تو بلاشبہ تو مغفرت فرمانے والا بخشنے والا ہے O

۳۷.   پروردگار بیشک بسا دیا میں نے اپنی اولاد کو جنگل میں، ناقابل کاشت، تیرے محترم گھر کے پاس، تاکہ پابندی کریں نماز کی، تو کر دے لوگوں کے دلوں کو، کہ جھک پڑیں ان کی طرف، اور روزی دے انہیں، طرح طرح کے پھل، کہ وہ شکر گزار رہیں O

۳۸.　پروردگار تو بلاشبہ جانتا ہے جو کچھ ہم چھپائیں، اور جو کچھ ظاہر کریں۔ اور نہیں چھپ سکتا اللہ سے کچھ زمین میں اور نہ آسمان میں O

۳۹.　ساری حمد اللہ کے لئے، جس نے بخشا مجھ کو بڑھاپے میں اسماعیل و اسحٰق بیشک میرا پروردگار پکار کا ضرور سننے والا ہے O

۴۰.　پروردگار بنائے رکھ مجھ کو نماز کا پابند، اور میری اولاد کو۔ پروردگار اور قبول فرمالے میری دعا O

۴۱.　اے ہمارے پالنہار مجھے بخش دے، اور میری ماں باپ کو، اور میرے ماننے والوں کو، جس دن قائم ہو حساب O

۴۲.　اور نہ سمجھو اللہ کو غافل، اندھیر مچانے والوں کے کرتوت سے... وہ صرف مہلت دیتا ہے انہیں، اس دن کے لئے کہ پھٹی رہ جائیں گی جس میں ان کی آنکھیں O

۴۳. بے تحاشہ دوڑتے، اپنا سر اٹھائے، ان کی پلک جھپکی نہیں۔ اور دل قابو سے باہر O

۴۴. اور ڈرسنا دو لوگوں کو اس دن کا، کہ آئے گا ان پر عذاب، تو کہیں گے اندھیر مچانے والے، "کہ پروردگار ہمیں مہلت دے دے تھوڑی مدت کی۔ کہ ہم پیغام قبول کر لیں تیرا، اور رسولوں کے پیچھے پیچھے حاضر رہیں"۔ تو "کیا تم قسم نہیں کھایا کرتے تھے پہلے؟ کہ تمہیں کبھی زوال نہیں O

۴۵. اور بسے تم ان کے گھروں میں، جنھوں نے ظلم کر رکھا تھا اپنے اوپر، اور تمہیں خوب کھل گیا، کہ کیسا برتاؤ کیا تھا ہم نے ان سے، اور بتائی تھیں تمہیں مثالیں O

۴۶. اور بیشک انہوں نے چلائے اپنے جیسے داؤں، اور اللہ کے پاس ہے ان کے داؤں کا انجام۔ اور ان کا ایسا داؤں بھی نہ تھا، کہ ٹل جائیں جس سے یہ اسلامیات کے پہاڑO

۴۷. تو خیال بھی نہ کرنا اللہ کو، اپنے رسولوں سے کیئے وعدہ کے خلاف کرنے والا۔ بیشک اللہ غالب ہے، بدلہ لینے والا ہےO

۴۸. جس دن بدل دی جائے گی زمین اس زمین کے علاوہ، اور سارے آسمان، اور سب نکل پڑے اللہ کے لیئے، اکیلا غالبO

۴۹. اور دیکھو گے مجرموں کو اس دن، جکڑے ہوئے زنجیروں میںO

۵۰. ان کے کرتے رال کے، اور چھائی ہے ان کے چہروں پر آگO

۵۱. تاکہ بدلہ دے اللہ ہر ایک کو جو اس نے کمایا۔ بیشک اللہ جلد حساب کرنے والا ہے O

۵۲. یہ پیغام ہے سب انسان کے لئے، اور تاکہ وہ اس سے ڈرائے جائیں، اور جان لیں کہ صرف وہ اکیلا معبود اور تاکہ سبق لیں عقل والے O

۱۵۔ سورۃ الحجر

نام سے اللہ کے بڑا مہربان بخشنے والا O

۱۔ ال راء ... یہ ہیں کتاب کی اور قرآن روشن کی آیتیں O

۲۔ بارہا تمنا کریں گے جنہوں نے کفر کیا، کہ کاش مسلمان ہوتے O

۳۔ انہیں ہٹاؤ، کہ کھا لیں اور رہ سہہ لیں، اور مشغول کرلے انہیں لمبی لمبی امید، تو جلد ہی انہیں معلوم ہوجائے گا O

۴. اور نہیں تباہ کیا ہم نے کوئی آبادی، مگر اس کا جانا بوجھا تقدیر
کا لکھا تھا O

۵. کوئی امت نہ آگے بڑھے اپنے وقت سے اور نہ پیچھے ہٹے O

۶. اور کفار بکنے لگے کہ ''اے وہ جس پر نازل کیا گیا ہے قرآن،
تم بلاشبہ ضرور مجنون ہو O

۷. کیوں نہیں لے آتے ہمارے پاس فرشتے، اگر سچے ہو O

۸. ہم نہیں نازل فرماتے فرشتوں کو، مگر فیصلہ درست کے
ساتھ۔ اور پھر نہ رہ جاتے اس وقت یہ مہلت پائے ہوئے O

۹. بیشک ہمیں نے اتارا ہے قرآن، اور بلاشبہ ہم ہیں اس کے
نگہبان O

۱۰. اور ہم نے رسول بھیجا تم سے پہلے اگلے شیعوں میں O

۱۱.	اور نہ آتا ان تک کوئی رسول، مگر وہ اس کی ہنسی اڑاتے رہتے O

۱۲.	اسی طرح کی چال ہم چلا رہے ہیں ان مجرموں کے دلوں میں O

۱۳.	وہ نہ مانیں گے یہ، اور گزر چکی ہے یہی راہ اگلوں کی O

۱۴.	اور اگر ہم کھول دیتے ان پر آسمانی دروازہ، کہ دن دوپہر چڑھ جاتے اس میں O

۱۵.	تو بھی بکتے کہ ''ہماری نظر بندی کر دی گئی ہے، بلکہ ہم جادو کے مارے ہیں O

۱۶.	اور بیشک بنایا ہم نے آسمان میں کئی برج، اور سنوار دیا ہم نے اسے دیکھنے والوں کے لئے O

۱۷۔ اور بچایا ہم نے اسے ہر شیطان مردود سے O

۱۸۔ مگر جو چوری چھپے گیا سننے کو، تو پیچھا پکڑا اس کا دہکتے شعلے نے O

۱۹۔ اور زمین کو ہم نے لمبی چوڑی کی، اور گاڑ دیے ہم نے اس میں پہاڑ، اور اگایا اس میں ہر چیز نپی تلی O

۲۰۔ اور بنایا ہم نے تمہارے لیے اس میں سامان زندگی، اور وہ جس کے لئے تم لوگ روزی دینے والے نہیں O

۲۱۔ اور کوئی چیز نہیں مگر ہمارے پاس اس کے خزانے ہیں، اور نہیں اتارتے ہم اسے مگر جانے بوجھے اندازے سے O

۲۲۔ اور چلائی ہم نے ہواؤں کو بادل کو بوجھل کرنے والی، پھر برسایا ہم نے بلندی سے پانی، پھر سیراب کیا ہم نے تمہیں اس سے۔ اور نہیں ہو تم لوگ اس کے خزانچی O

۲۳۔   اور بیشک ہم ضرور زندہ کرتے ہیں اور مارتے ہیں، اور ہم ہی وارث ہیں O

۲۴۔   اور بیشک جان لیا ہم نے تمہاری صف اول والوں کو، اور بلا شبہ جان لیا ہم نے صف آخر والوں کو O

۲۵۔   اور بیشک تمہارا پروردگار ہی حشر فرمائے گا ان کا۔ بیشک وہ حکمت والا علم والا ہے O

۲۶۔   اور بلا شبہ پیدا فرمایا ہم نے انسان کو بھنکتی مٹی سے، بودار سیاہ گارے کی O

۲۷۔   اور قوم جن کو پیدا فرمایا تھا ہم نے پہلے ہی، بے دھوئیں کی آگ سے O

۲۸.	اور جب کہ جتا دیا تھا تمہارے پروردگار نے سارے فرشتوں کو، کہ بیشک میں پیدا فرمانے والا ہوں، چھرے مہرے والے انسان کو بھنکتی مٹی سے، بودار سیاہ گار کی O

۲۹.	تو جب میں نے اس کو سڈول کر دیا، اور اس میں اپنی طرف سے جان ڈال دی، تو اس کے لئے گر پڑو سجدہ کرتے ہوئے O

۳۰.	چنانچہ سجدہ کیا سارے فرشتوں نے سب مل کر O

۳۱.	سوا ابلیس کے۔ انکار کر دیا کہ سجدہ کرنے والوں سے ہو O

۳۲.	فرمان ہوا کہ ''اے ابلیس، تجھے کیا ہو؟ کہ سجدہ کرنے والوں سے نہ ہوا O

۳۳.	بولا، کہ ''میں ایسا نہیں، کہ سجدہ کروں ایک بشر کے لئے، جس کو پیدا فرمایا تو نے بھنکتی مٹی سے، بدبودار سیاہ گارے کی O

۳۴۔ حکم ہوا، کہ پھر تو نکل جا اس جنت سے، کیونکہ تو بلاشبہ مردود ہے O

۳۵۔ اور بیشک تجھ پر لعنت ہے قیامت تک O

۳۶۔ بولا، کہ ''میرے رب، تو پھر مہلت دے مجھ کو اس دن تک کہ سب لوگ اٹھائے جائیں O

۳۷۔ ارشاد ہوا کہ ''منظور ہے، تجھ کو مہلت دی گئی O

۳۸۔ وقت معلوم کے دن تک O

۳۹۔ بولا، کہ ''پروردگار یہ جو بے راہ رکھا تو نے مجھ کو، تو میں آراستہ دکھاؤں گا گناہ کو انہیں زمین میں، اور ضرور گمراہ کروں گا میں ان سب کو O

۴۰۔ مگر تیرے وفادار مخلص بندوں کو O

۴۱.	ارشاد ہوا، ''یہ ہے سیدھا راستہ میرا O

۴۲.	بیشک میرے پجاریوں پر تیرا کوئی قابو نہیں، مگر جو گمراہوں سے تیرا بند بن گیا O

۴۳.	اور بیشک جہنم ان سب کی وعدہ کردہ جگہ ہے'' O

۴۴.	اس کے سات دروازے ہیں۔ ہر دروازے کے لئے ان کی بٹی ہوئی پارٹیاں ہیں O

۴۵.	بلا شبہ اللہ سے ڈرنے والے، باغوں اور چشموں میں ہوں گے O

۴۶.	کہ داخل ہو اس میں سلامتی کے ساتھ، امن کے ساتھ O

۴۷.	اور ہم نے کھینچ لیا ان کے سینوں سے کینے کو، بھائی بھائی، اپنے اپنے تخت پر آمنے سامنے بیٹھے O

۴۸. (نہ پھٹکے گی ان کو اس میں تکان) جو رنج و مشقت کا ثمرہ ہے، اس لئے کہ جنت نعمت اور راحت کا گھر ہے۔ (اور نہ وہ اس سے نکالے جائیں گے) یعنی ہمیشہ بہشت میں رہیں گے O

۴۹. باخبر کردو میرے بندوں کو، کہ بلاشبہ میں ہی مغفرت کرنے والا رحم والا ہوں O

۵۰. اور بیشک میرا عذاب، وہ تو ہے دکھ دینے والا عذاب O

۵۱. اور بتادو انہیں ابراہیم کے مہمانوں کا حال O

۵۲. جب وہ آئے، تو بولے کہ 'سلام'۔ جواب دیا کہ ''واقع میں ہم تم سے ڈر رہے ہیں O

۵۳. سب بولے کہ ''مت ڈریئے، ہم آپ کو خوشخبری دیتے ہیں ایک علم والے فرزند کی O

۵۴.	جواب دیا کہ "کیا تم نے بشارت مجھ کو اس پر دی ہے کہ میرا بڑھاپا آگیا؟ تو کس سبب سے مژدہ دے رہے ہو؟ O

۵۵.	سب بولے کہ "ہم نے خوشخبری آپ کو دی ہے ٹھیک، تو ناامید نہ ہوجیئے O

۵۶.	جواب دیا کہ "کون ناامید ہوگا اپنے پروردگار کی رحمت سے، مگر بے راہ لوگ O

۵۷.	کہا کہ "پھر کیا کام ہے تمہارا اے فرشتو" O

۵۸.	سب بولے کہ "ہم بھیجے گئے ہیں جرائم پیشہ قوم کی طرف O

۵۹.	سوا اولاد لوط کے۔ ہم ان کو ضرور بچالیں گے سب کو O

۶۰.	مگر ان کی عورت کو، کہ طے کر دیا ہم نے کہ وہ پیچھے رہ جانے والوں سے ہے O

۶۱. پھر جب آ گئے خاندان لوط میں فرشتے O

۶۲. وہ بولے کہ "لوگ اجنبی قوم ہو" O

۶۳. سب بولے کہ "ہم آپ کے پاس لے آئے ہیں جس میں یہ سب شک کرتے تھے O

۶۴. اور ہم آئے ہیں آپ کے پاس فیصلہ برحق کے ساتھ اور بلا شبہ ہم ضرور سچے ہیں O

۶۵. تو نکال لے جائیے اپنے گھر والوں کو رات کے کچھ رہتے، اور آپ قافلے کے آخر میں رہیں، اور آپ میں سے کوئی پیچھے نہ پھرے، اور چلے جائیے جہاں کا حکم دیا جائے O

۶۶. اور فیصلہ سنا دیا تھا انہیں اس معاملہ کا، کہ ان پچھڑنے والے کافروں کو کاٹ کر رکھ دیا جائے گا صبح کرتے کرتے O

۶۷. اور آئے آبادی کے لوگ، خوش خوش O

۶۸. لوط نے کہا، کہ ''یہ میرے مہمان ہیں، تو مجھ کو تو رسوا نہ کرو O

۶۹. اور اللہ کو ڈرو۔ اور مجھے ذلیل نہ کرو O

۷۰. سب بولے کہ ''کیا ہم نے تم کو روک نہیں دیا ہے دوسروں کے بارے میں دخل دینے سے O

۷۱. جواب دیا کہ ''یہ ہماری بیٹیاں ہیں اگر تم نکاح کرو O

۷۲. تمہاری جان کی قسم، وہ بلاشبہ اپنے نشہ میں مدہوش ہیں O

۷۳. تو پکڑ لیا ان کو چنگھاڑ نے دن نکلتے O

۷۴. تو کر دیا ہم نے اس کو تہہ و بالا، اور برسایا ہم نے ان پر کنکر یلے پتھر O

۷۵.   بیشک اس میں نشانیاں ہیں، قیافہ شناسوں کے لئے O

۷۶.   اور بیشک وہ چلتے راستہ پر واقع ہے O

۷۷.   بیشک اس میں ضرور نشانی ہے ماننے والوں کے لئے O

۷۸.   اور بلاشبہ جنگ والے ضرور اندھیر مچانے والے تھے O

۷۹.   پس بدلہ لیا ہم نے ان سے ... اور بیشک دونوں آبادیاں شاہراہ عام پر ہیں O

۸۰.   اور بیشک جھٹلایا حجر کے رہنے والوں نے رسولوں کو O

۸۱.   اور ہم نے دی تھیں انہیں اپنی نشانیاں، تو اس سے رخ ہٹائے تھے O

۸۲.   اور وہ تراشتے تھے پہاڑوں سے اپنے اپنے گھر، اطمینان سے O

۸۳۔ کہ لے لیا ان کو ایک چنگھاڑ نے صبح کرتے کرتے O

۸۴۔ تو نہ کام آئے گی، ان کے ان کی کمائیاں O

۸۵۔ اور نہیں پیدا فرمایا ہم نے آسمانوں اور زمین کو اور جو ان کے درمیان ہے مگر ٹھیک۔ اور بلاشبہ قیامت ضرور آنے والی ہے، تو ابھی خوبی کے ساتھ درگزری سے کام لو O

۸۶۔ بیشک تمہارا پروردگار ہی بڑا پیدا کرنے والا علم والا ہے O

۸۷۔ اور بیشک ہم نے تمہیں سات آیتیں دیں دہرائی جانے والی، اور قرآن عظیم دیا O

۸۸۔ نہ اٹھاؤ اپنی آنکھوں کو ان چیزوں کی طرف، کہ رہنے سہنے کو جو دے دیا ہم نے ان کو جوڑے، اور نہ ان کا غم کرو، اور جھکا دو اپنے شانہ کرم کو ایمان والوں کے لئے O

۸۹. اور کہہ دو کہ ''بلا شبہ میں ہوں کھلا ہوا ڈر سنانے والا عذاب
کا''O

۹۰. جس طرح کہ نازل کیا ہم نے بانٹ بخرے والوں پرO

۹۱. جنہوں نے قرآن کے ٹکڑے ٹکڑے کیے تھےO

۹۲. تو تمہارے پروردگار کی قسم، ہم ضرور جواب طلب کریں
گے ان سب سےO

۹۳. جو وہ کرتے تھےO

۹۴. تو اعلانیہ کہہ دو جس کا تم کو حکم دیا جاتا ہے، اور بے رخی برتو
مشرکوں سےO

۹۵. بلاشبہ ہم تم پر کافی ہیں ٹھٹھے والوں کے لئےO

۹۶. جو گڑھتے ہیں اللہ کے ساتھ دوسرے معبود، تو جلدی ہی سب جان لیں گے O

۹۷. اور ہم ضرور جانتے ہیں کہ تمہارا سینہ تنگ آجاتا ہے ان کی بکواس سے O

۹۸. تو پاکی بیان کرو اپنے پروردگار کی حمد کے ساتھ، اور سجدہ کرنے والوں سے رہا کرو O

۹۹. اور پوجو اپنے پروردگار کو، یہاں تک کہ آجائے تم تک موت O

۱۶۔ سورۃ النحل

نام سے اللہ کے بڑا مہربان بخشنے والا O

۱.	آیا ہی رکھا ہے اللہ کا حکم، تو اس کی جلدی نہ مچاؤ۔ پاک ہے
وہ اللہ اور بلند و بالا ہے اس سے، جس کو سب شریک بنا رہے ہیں O
۲.	وہ نازل فرماتا ہے فرشتوں کو سراپا روح، وحی لے کر اپنے
حکم سے جس پر چاہے اپنے بندوں سے، کہ ڈرا دو میرے پیغام سے،
کہ کوئی پوجنے کے قابل نہیں سوا میرے، تو مجھ سے ڈرتے رہا کرو O

۳. پیدا فرمایا آسمانوں اور زمین کو ٹھیک ۔ بہت بلند و بالا ہے ان سے جنہیں یہ شریک بناتے ہیں O

۴. پیدا فرمایا انسان کو ایک قطرہ ناچیز سے ، پھر وہ اب کھلم کھلا جھگڑالو ہے O

۵. اور چوپائے ، انہیں پیدا فرمایا۔ تمہارے لئے اس میں اونی لباس ہیں اور بہتیرے نفع ہیں۔ اور ان کے بعض کو تم کھاتے ہو O

۶. اور تمہاری اس میں شان ہے جب چراگاہ سے شام کو لاتے ہو، اور جب چراگاہ کی طرف لے جایا کرتے ہو O

۷. اور وہ اٹھاتے ہیں تمہارے بوجھ اس شہر تک ، کہ تم وہاں نہ پہنچتے ، مگر جادو جوکھوں سے ۔ بیشک تمہارا پروردگار ضرور بڑا مہربان رحم والا ہے O

۸۔ اور گھوڑے اور خچر اور گدھے ، کہ ان سواری کرو اور شان بنانے کے لئے۔ اور پیدا فرمائے گا جو تم لوگ ابھی جانتے ہی نہیں O

۹۔ اور اللہ کا ہے سیدھا راستہ۔ اور بعض راستے ٹیڑھے ہیں۔ اور اگر وہ چاہتا تو تم سب کو راہ دے دیتا O

۱۰۔ وہی ہے جس نے اتارا آسمان کی طرف سے پانی تمہارے لئے، کچھ تو پینے کو ہے، اور کچھ ایسے پودوں کی جس میں جانور چراتے ہو O

۱۱۔ اگاتا ہے تمہارے لئے اس پانی سے کھیتی کو، اور زیتون و کھجور و انگور اور ہر قسم کے پھل کو۔ بیشک اس میں ضرور نشانی ہے ان کے لئے جو دھیان کریں O

۱۲.	اور مسخر کر دیا تمہارے لئے رات اور دن کو، اور سورج اور چاند کو، اور سارے تارے پابند ہیں اس کے حکم کے۔ بیشک ان میں ضرور نشانیاں ہیں ان کے لئے جو سمجھ بوجھ سے کام لیں O

۱۳.	اور جو پیدا فرمایا تمہارے لئے زمین میں طرح طرح کے رنگ دار۔ بیشک اس میں ضرور نشانی ان کے لئے جو سبق لیں O

۱۴.	اور وہی ہے جس نے قابو میں کر دیا دریا سمندر کو، کہ اس سے کھاتے رہو تازہ گوشت، اور نکالتے رہو اس سے گہنا جو پہنتے ہو، اور دیکھ ہی رہے ہو کہ کشتیاں پانی چیر کر اس میں تیرتی ہیں، اور تاکہ تلاش کرو اس کا فضل، اور کسی طرح شکر گزاری کرتے رہو O

۱۵.	اور گاڑ دیا زمین میں پہاڑوں کو، ورنہ زمین ڈگمگا دے تمہیں، اور ندیاں، اور راستے کہ تم اپنا اپنا راستہ پاتے رہو O

۱۶۔ اور بہت سی علامتیں۔ اور تارے سے وہ راستہ پہچان لیتے ہیں O

۱۷۔ تو کیا جو پیدا فرماتا ہے اور جو کچھ پیدا نہ کرے، ایک طرح کا ہے؟ تو کیا تم سوچ سے کام ہی نہیں لیتے O

۱۸۔ اور اگر گنتی کرنی چاہو اللہ کی نعمت کی، تو انہیں گن نہ سکو گے۔ بیشک اللہ ضرور مغفرت فرمانے والا رحم والا ہے O

۱۹۔ اور اللہ جانتا ہے جو تم چھپاؤ اور جو علانیہ کرو O

۲۰۔ اور جنہیں یہ اللہ کو چھوڑ کر معبود پکارتے ہیں، وہ نہیں پیدا کر سکتے کچھ، اور وہ خود پیدا کیے گئے ہیں O

۲۱۔ سب بے جان ہیں، زندوں سے نہیں ہیں۔ اور نہ وہ سمجھ سکیں کہ کب حشر کے لئے اٹھائے جائیں گے O

۲۲۔   تم سب کا معبود بس ایک معبود ہے۔ پھر بھی جو نہ مانیں آخرت کو، ان کے دل ناکارہ ہیں، اور وہ مغرور ہیں O

۲۳۔   بلاشبہ اللہ تو خواہ مخواہ جانتا ہے جو چھپا رکھیں اور جو اعلان کر دیں۔ بیشک وہ نہیں پسند فرماتا غرور والوں کو O

۲۴۔   اور جب پوچھا گیا انہیں، کہ کیا نازل فرمایا تمہارے پروردگار نے؟ سب جواباً بکنے لگے، کہ ''اگلوں کی کہانیاں O

۲۵۔   تاکہ لادے رہیں اپنے پورے بوجھ قیامت کے دن۔ اور ان کے بوجھ جنہیں گمراہ کریں بے علمی سے، خبردار! کہ بڑا برا بوجھ لاد رہے ہیں O

۲۶۔   بیشک داؤں چلے جوان سے پہلے کے ہیں، تو اللہ نے لیا ان کے بنے بنائے گھروں کو بنیاد سے، تو گر پڑی ان پر چھت اوپر سے، اور آیا ان پر عذاب جہاں سے وہ سمجھے نہ تھے O

۲۷۔ پھر قیامت کے دن رسوا کرے گا انہیں، اور فرمائے گا کہ کہاں ہیں میرے شریک گڑھے ہوئے، جن کے لئے تم جھگڑا کرتے تھے۔ بول پڑے جن کو علم دیا گیا ہے، کہ بیشک رسوائی آج کے دن اور خرابی کافروں کی ہے O

۲۸۔ جنہیں فرشتوں نے وفات دی، اس حال میں کہ وہ اپنے ہی اوپر اندھیر کرنے والے ہیں، پھر انہوں نے اپنی بچت کی طرح ڈالی، کہ ہم کوئی گناہ بھی نہیں کرتے تھے۔ ہاں کیوں نہیں! اللہ خوب جانتا ہے جو کچھ تم کرتے تھے O

۲۹۔ بس اب داخل ہو جاؤ جہنم کے دروازوں میں، ہمیشہ رہنے والے اس میں۔ پس کتنی بری جگہ ہے غرور کرنے والوں کی O

۳۰۔ اور پوچھا گیا ان سے جو ڈرتے رہے، کہ کیا نازل فرمایا تمہارے پروردگار نے؟ تو سب نے جواب دیا، کہ "بھلائی ہی

بھلائی''۔ جنھوں نے بھلائی کی، انہیں اس دنیا میں بھلائی ہے اور دار آخرت اور زیادہ بہتر ہے۔ اور کیسا اچھا ہے ڈرنے والوں کا گھر O

۳۱. ہمیشگی والے باغ، جس میں داخل ہوں گے، بہہ رہی ہیں اس کے نیچے نہریں، ان کے لئے اس میں ہے جو چاہیں۔ اسی طرح ثواب دیتا ہے اللہ ڈرنے والوں کو O

۳۲. جنہیں وفات دیتے ہیں فرشتے اس حال میں کہ وہ پاکیزہ ہیں کہیں گے، ''سلامتی ہو آپ لوگوں پر۔ داخل ہو جاؤ جنت میں جو تم نیکیاں کرتے رہے O

۳۳. یہ کافر لوگ نہیں انتظار کر رہے ہیں، مگر اس کا کہ آجائیں ان کے پاس فرشتے، یا آجائے تمہارے پروردگار کا آخری حکم۔ اسی طرح کیا تھا ان کے پہلوں نے۔ اور ان پر اللہ نے اندھیر نہیں کیا، لیکن وہ خود اپنے اوپر اندھیر کرتے تھے O

۳۴. تو مصیبت بن گئے ان کے لئے ان کے برے کرتوت، اور پھانس لیا ان کو جس کی ہنسی اڑاتے تھے O

۳۵. اور کہنے لگے جنہوں نے شرک کیا، اگر اللہ چاہتا تو ہم معبود نہ بناتے اس کو چھوڑ کر کسی کو، نہ ہم اور نہ ہمارے باپ دادے، اور نہ ہم اللہ کے مقابلے میں حرام بتاتے کچھ۔ اسی طرح کرتوت تھے ان کے جو ان سے پہلے تھے۔ تو رسولوں پر نہیں، مگر علانیہ پیغام پہنچا دینا O

۳۶. اور بلاشبہ بھیجا ہم نے ہر امت میں پیغمبر، کہ پوجو اللہ کو، اور بچو شیطان سے۔ تو ان میں سے بعض نے راہ پالی، اور بعض وہ، کہ ٹھیک پڑی ان پر گمراہی۔ تو سیر کرو زمین میں، پھر دیکھو کہ کیسا انجام ہوا جھٹلانے والوں کا O

۳۷۔ اگر تمہیں لالچ ہے ان کی ہدایت کی، تو اس میں بھی شبہ نہیں، کہ اللہ راہ نہیں دیتا جو بے راہ ہو جائے۔ اور نہیں ہے ان کا کوئی مددگار O

۳۸۔ اور قسم کھا بیٹھے اللہ کی، بڑے زور کی قسم۔ "کہ نہ اٹھائے گا اللہ جو مر جائے"۔ "ہاں کیوں نہ اٹھائے گا،" اس پر وعدہ ہے بالکل ٹھیک، لیکن بہتیرے لوگ نادانی کرتے ہیں O

۳۹۔ تاکہ ظاہر فرما دے انہیں وہ جس میں وہ جھگڑتے ہیں، اور تاکہ جان لیں کافر، کہ وہ جھوٹے تھے O

۴۰۔ بس ہمارا فرمان کسی چاہے کے لئے، جب کہ ہم نے اس کے وجود کا ارادہ فرما لیا یہی ہے، کہ ہم اسے حکم دیتے ہیں کہ، 'ہو جا" تو وہ ہو جاتا ہے O

۴۱. اور جنہوں نے ہجرت کی اللہ کی راہ میں بعد اس کے کہ مظلوم بنائے گئے، ضرور ہم ٹھکانہ دیں گے ان کو دنیا میں اچھا۔ اور بلاشبہ آخرت کا ثواب بہت بڑا ہے... اگر علم سے کام لیں O

۴۲. جنہوں نے صبر کیا، وہ اپنے پروردگار پر بھروسہ رکھتے ہیں O

۴۳. اور نہیں بھیجا ہم نے تم سے پہلے، مگر کچھ مردان حق، کہ ہم وحی فرماتے رہے ان کی طرف، تو دریافت کیا کرو علم والوں سے، اگر تم خود نہیں جانتے O

۴۴. روشن دلیلوں اور کتابوں کو۔ اور نازل فرمایا تمہاری جانب قرآن کو، تاکہ صاف بیان کر دو لوگوں کو جو ان کی طرف اتارا گیا، کہ سوچ سے کام لیں O

۴۵۔ تو کیا امان پا گئے جو برائیوں کے داؤں چلتے رہے اس سے، کہ دھنسا دے اللہ انہیں زمین میں، یا آ جائے ان پر عذاب جہاں سے انہیں خیال بھی نہ ہو O

۴۶۔ یا پکڑ لے انہیں ان کے چلتے پھرتے میں، کہ وہ تو اللہ کو روک سکتے نہیں O

۴۷۔ یا پکڑ لے انہیں دباتے دباتے، کہ بلاشبہ تمہارا پروردگار ضرور بڑا مہربان رحم فرمانے والا ہے O

۴۸۔ کیا انہیں نہیں سوجھتا جو کچھ اللہ نے پیدا فرمایا اپنی مشیت سے؟ ان کے سائے جھکے پڑے رہتے ہیں داہنے بائیں۔ اللہ کا سجدہ کرتے ذلیل و عاجز حال میں O

۴۹۔ اور اللہ ہی کا سجدہ کرتے ہیں، جو آسمانوں میں ہیں اور جو زمین میں ہیں چلنے والے اور سارے فرشتے، اور وہ بڑے نہیں بنتے O

۵۰. اپنے پروردگار کا خوف چھائے ہیں اپنے اوپر، اور وہی کرتے ہیں جس کا انہیں حکم دیا جائے O

۵۱. اور فرما دیا اللہ نے کہ نہ قرار دو، معبود دو۔ بس وہی ہے معبود اکیلا، تو مجھی سے ڈرا کرو O

۵۲. اور اسی کا ہے جو کچھ آسمانوں اور زمین میں ہے۔ اور اس کی فرمانبرداری ہمیشہ ضروری ہے۔ تو کیا اللہ سے غیریت والے کو ڈرا کروگے؟ O

۵۳. اور جو بھی تم پر کوئی بھی نعمت ہے، تو اللہ کی طرف سے، پھر جب پہنچا تمہیں نقصان، تو اسی کی طرف گڑگڑاتے ہو O

۵۴. پھر جب اس نے دور کر دیا تم سے ضرر کو، تو تم میں سے ایک گروہ ہے کہ اپنے پروردگار سے شرک کرنے لگتا ہے O

۵۵.	تاکہ ناشکری کریں جو ہم نے دے رکھا ہے انہیں۔ اچھا، تو رہ سہہ لو کچھ دن... پھر تو جلدی معلوم ہو جائے گا O

۵۶.	اور نکالتے ہیں حصہ ان کا جنھیں جانتے بھی نہیں اس روزی سے، جو ہم نے دے رکھی ہے۔ اللہ کی قسم، ضرور باز پرس کیے جاؤ گے، جو من گڑھت کرتے ہو O

۵۷.	اور قرار دیتے ہیں اللہ کے لئے لڑکیاں، سبحان اللہ! اور خود ان کے لئے جوان کا دل چاہے O

۵۸.	حالانکہ جب ان میں کسی کو بیٹی کی خوشخبری دی گئی، تو سارا دن اس کا منہ کالا رہا، اور وہ غصہ کے گھٹن میں رہا O

۵۹.	منہ چھپائے پھرتا ہے اپنی قوم سے، اس خوشخبری کی ناگواری سے، کیا اسے ذلت کی حالت پر رکھے گا، یا دبا دے گا اسے مٹی میں؟ دیکھو تو کتنی بری تجویز کرتے ہیں O

۶۰۔   جو نہ مانیں آخرت کو، سراپا بد ہیں۔ اور اللہ کی شان سب سے بلند و بالا ہے۔ اور وہی عزت والا حکمت والا ہے O

۶۱۔   اور اگر دھر پکڑ کرنے لگتا اللہ لوگوں کی ان کے اندھیر مچانے سے، تو نہ چھوڑتا زمین پر کسی چلنے والے کو۔ لیکن وہ مہلت دیتا ہے نامزد کردہ وقت تک۔ تو جیسے ہی آیا ان کا وقت، تو نہ پچھڑیں گے گھڑی بھر کو، اور نہ آگے بڑھیں گے O

۶۲۔   اور گڑھتے ہیں اللہ کے لئے جو اپنے لیے ناگوار جانتے ہیں۔ اور بولتی ہیں ان کی زبانیں جھوٹ، کہ انہیں کے لئے ہے نجات کی بھلائی۔ خواہ مخواہ انہیں کے لئے ہے جہنم ضرور، اور وہ حد سے گزرے گزارے ہیں O

۶۳۔   اللہ ہی کی قسم، کہ ہم نے ضرور رسول کیا تم سے پہلے کی امتوں کی طرف، چنانچہ سجا دیا شیطان نے ان کی نظر میں ان کے

کرتوت کو تو وہی ان کا یار ہے آج، اور انہیں کے لئے ہے دکھ دینے والا عذاب O

٦٤. اور نہیں نازل فرمایا ہم نے تم پر اس کتاب کو، مگر تاکہ واضح کر دو انہیں، جس میں وہ جھگڑا کیا کرتے تھے۔ اور ہدایت و رحمت ان کے لئے جو مان جائیں O

٦٥. اور اللہ نے اتارا آسمان کی سمت سے پانی، پھر زندہ فرما دیا اس سے زمین کو اس کے مر جانے کے بعد۔ بیشک اس میں ضرور نشانی ہے ان کے لئے جو کان لگائیں O

٦٦. اور بیشک تمہارے لئے چوپایوں میں سبق ہے۔ ہم پلاتے ہیں تمہیں جو ان کے پیٹوں میں ہے، خون اور گوبر کے درمیان دودھ خالص۔ خوشگوار پینے والوں کے لئے O

٦٧۔   اور کھجور کے پھل سے، اور انگور، بناتے ہو جس سے نشہ کی چیزیں، اور اچھی کھانے کی چیزیں۔ بلاشبہ ان میں ضرور نشانی ہے ان کے لئے جو غور کریں O

٦٨۔   اور سکھا دیا تمہارے پروردگار نے شہد کی مکھی کے دل کو، کہ بنا لیا کہ پہاڑوں کو گھر، اور درختوں کو، اور جو چھت چھپر بنایا کرتے ہیں O

٦٩۔   پھر کھاتی رہو ہر قسم کے پھل سے، پھر چلتی رہا کر اپنے پروردگار کی بتائی راہ پر سبک۔ نکلتی ہے اس کے پیٹوں سے پینے کی چیز رنگ برنگ کی، اس میں شفاء ہے لوگوں کے لئے۔ بیشک اس میں ضرور نشانی ہے ان کے لئے جو سوچ سے کام لیں O

٧٠۔   اور اللہ نے پیدا فرمایا تمہیں، پھر پوری فرمائے گا تمہاری عمر... اور تم میں کوئی ہے کہ پلٹا کھلایا جاتا ہے ناقص عمر کی طرف،

تاکہ نہ جانے کچھ، جان چکنے کے بعد بھی۔ بیشک اللہ علم والا قدرت والا ہے 〇

۷۱. اور اللہ نے بڑھوتی دی تمہارے کچھ کو کچھ پر روزی میں۔ تو نہیں ہیں جو بڑھوتی دیے گئے کہ لوٹا دیں اپنی روزی کو اپنے غلاموں لونڈیوں پر، یوں کہ وہ سب اس میں برابر برابر ہیں۔ تو کیا انہیں اللہ ہی کی نعمت سے انکار ہے 〇

۷۲. اور اللہ نے بنا دیا تمہارے لئے تم میں سے جوڑے، اور پیدا فرمایا تمہارے جوڑوں سے بیٹے اور پوتے نواسے، اور روزی دی تمہیں پاکیزہ، کیا وہ غلط بات کو مان لیں؟ اور اللہ کی نعمت کے ناشکرے رہیں؟ 〇

۷۳. اور معبود بناتے ہیں اللہ کو چھوڑ کر اسے، جو نہیں مالک ہے ان کے لئے رزق کا آسمانوں اور زمین سے کچھ بھی، اور نہ ہو سکتا ہےO

۷۴. تو نہ گڑھا کرو اللہ کے لئے کچھ مثل۔ بیشک اللہ جانتا ہے اور تم لوگ نادان ہوO

۷۵. اللہ نے ایک کہاوت بیان فرمائی کہ ایک غلام مملوک ہے، دوسرے کی ملک نہیں کر سکتا خود کچھ، اور وہ جس کو ہم نے روزی دی اپنے کرم سے خوب اچھی، چنانچہ وہ خرچ کرتا ہے اس سے چھپے اور کھلے۔ کیا وہ سب برابر ہیں؟ اللہ کے لئے حمد۔ بلکہ ان کے بہتیرے نادان ہیںO

۷۶. اور کہاوت بیان کی اللہ نے دو شخصوں کی، ان میں ایک گونگا، کچھ کام نہیں کر سکتا، اور وہ بوجھ ہے اپنے مالک پر، جس سمت بھیجتا

ہے کچھ بھلائی نہ لائے۔ کیا یکساں ہے وہ؟ اور وہ، جو حکم دے

انصاف کا۔ اور وہ سیدھے راستے پر ہے O

۷۷. اور اللہ ہی کا ہے آسمانوں اور زمین کا چھپا ڈھکا۔ اور نہیں

ہے قیامت کا معاملہ، مگر جیسے آنکھ کی جھپک، یا اس سے بھی قریب

تر۔ بیشک اللہ ہر چاہے پر قادر ہے O

۷۸. اور اللہ نے نکالا تمہیں، تمہاری ماؤں کے پیٹوں سے، کہ

نہیں جانتے کچھ۔ اور کر دیا تمہارے لئے کان اور آنکھیں اور دل، کہ

شکر گزار ہو O

۷۹. کیا نہیں دیکھا انہوں نے پرندوں کی طرف، کہ قابو میں ہیں

فضائے آسمانی میں، انہیں نہیں روکے ہے، مگر اللہ۔ بیشک اس میں

نشانیاں ہیں ان کے لئے جو مان جائیں O

۸۰. اور اللہ نے بنایا تمہارے لئے تمہارے گھروں کو آرام گاہ، اور کر دیا تمہارے لئے چوپایوں کی کھالوں سے ایسے خیمے، کہ ہلکے پھلکے ہیں تمہارے سفر کے دن اور منزل کرنے کے دن۔ اور ان جانوروں کے اون اور رونگٹوں اور بالوں سے سامان، اسباب کچھ دن برتنے کا O

۸۱. اور اللہ نے بنایا تمہارے لئے اپنی پیدا کردہ چیزوں سے سائے، اور بنایا تمہارے لئے پہاڑوں سے گھپے، اور بنایا تمہارے لئے کچھ لباس، کہ تم کو گرمی سے بچائے، اور کچھ لباس جو حفاظت کرے تمہاری جنگ میں، اس طرح پوری فرماتا ہے اپنی نعمت کو تم پر، کہ تم فرمانبردار ہو جاؤ O

۸۲. پھر بھی اگر انھوں نے بے رخی کی، تو پھر بس تم پر صاف صاف پہنچا دینا ہے O

۸۳.	پہچانتے ہیں اللہ کی نعمت کو، پھر بھی انکار کرتے ہیں اس کا،
اور ان کے بہتیرے ناشکرے ہیں O

۸۴.	اور جس دن اٹھائیں گے ہم ہر امت سے ایک گواہ، پھر نہ
اجازت دی جائے گی انہیں جنہوں نے کفر کیا، اور نہ انہیں عتاب
سے بچنے کو کہا جائے گا O

۸۵.	اور جہاں دیکھ لیا ظالموں نے عذاب کو، تو اب نہ کم کیا جائے
گا ان سے، اور نہ مہلت انہیں دی جائے گی O

۸۶.	اور جہاں دیکھا بت پرستوں نے اپنے بتوں کو، تو لگے
بولنے، کہ پروردگار یہ ہمارے بت ہیں، جنہیں ہم معبود جان کر
پکارتے تھے تیرے مقابلے پر۔ تو یہ بات پھینک ماری ان کی طرف
انہوں نے، کہ بلاشبہ تم لوگ ضرور جھوٹے ہو O

۸۷. اور ڈال دیا انہوں نے اللہ کی طرف آج نیاز مندی، اور گم ہو گیا ان سے جو گڑھا کرتے تھے O

۸۸. بیشک جنہوں نے کفر کیا اور اللہ کے راستہ سے روکا، بڑھا دیا ہم نے ان کے عذاب پر عذاب کو، کہ فساد مچایا کرتے تھے O

۸۹. اور جس دن کھڑا کر ہی دیا ہم نے ہر امت میں ان پر انہیں کا ایک گواہ، اور لائے تم کو ان سب پر گواہ، اور ہم نے اتارا ہے تم پر کتاب، روشن بیان ہر چیز کا، اور ہدایت و رحمت و مژدہ مسلمانوں کے لئے O

۹۰. بیشک اللہ حکم دیتا ہے عدل کرنے اور احسان کرنے اور قرابت والوں کو دیتے رہنے کا۔ اور روکتا ہے بے شرمی اور بدی اور سرکشی سے، تمہیں نصیحت فرماتا ہے کہ تم غور کرو O

۹۱.   اور پورا کیا کرو اللہ کے عہد، جب بھی کوئی عہد تم نے کیا ہو،
اور مت توڑو اپنی قسموں کو، ان کو مضبوط کرنے کے بعد، جب کہ بنا دیا
تم نے اللہ کو ان پر ضامن۔ بیشک اللہ جانتا ہے جو تم کرو O

۹۲.   اور مت ہو جاؤ اس عورت کی طرح، جس نے توڑ دیا اپنے
کاتے سوت کو اس کی مضبوطی کے بعد ریزہ ریزہ۔ کہ بنا رہے ہو اپنی
قسموں کو اپنے باہمی فساد کا حیلہ، کہ ایک پارٹی بڑھی جا رہی ہے
دوسری پارٹی سے۔ تمھیں اس سے اللہ بس آزماتا ہے۔ اور تاکہ
ضرور ظاہر فرما دے تم پر قیامت کے دن، جس میں جھگڑا تم لوگ
کرتے ہو O

۹۳.   اور اگر اللہ چاہتا، تو بنا دیتا تم کو ایک امت، لیکن بے راہ
رکھتا ہے جسے چاہے، اور راہ دے جسے چاہے، اور تم لوگ ضرور باز
پرسی کیے جاؤ گے اپنے کیے کرتوت سے O

۹۴۔ اور مت بناؤ اپنی قسموں کو اپنے آپس میں محض حیلہ، کہ پھر قدم پھسل جایا کرے اپنے جم جانے کے بعد، اور تم چکھو برائی کو، کیونکہ روک دیا تم نے اللہ کی راہ سے، اور تمہارے لئے ہو بڑا عذاب O

۹۵۔ اور نہ لو اللہ کے عہد کے عوض قیمت جیسی بے قدر چیز، کہ بلا شبہ جو اللہ کے پاس ہے، وہ بہت بہتر ہے تمہارے لئے، اگر دانا بنو O

۹۶۔ جو تمہارے پاس ہے چک جائے گا، اور جو اللہ کے پاس ہے بچا ہی رہنے والا ہے۔ اور ہم ضرور دیں گے انہیں جنہوں نے صبر کیا، ان کا ثواب ان کے سب سے اچھے کام کے لائق O

۹۷۔ جس نے کام کیا لیاقت والے کا، مرد ہو یا عورت، اور وہ ایمان والا ہے، تو ضرور ہم اسے زندہ رکھیں گے پاکیزہ زندگی کے

ساتھ اور ضرور ہم دیں گے انہیں ان کا ثواب، ان کے سب سے اچھے کام کے لائق O

۹۸. **تو جب تم قرآن کی تلاوت کرو، تو پناہ مانگو اللہ کی، شیطان** مردود سے O

۹۹. **بلاشبہ نہیں ہے اس کا قابو ان پر جو ایمان لائے، اور اپنے** پروردگار پر بھروسہ رکھیں O

۱۰۰. **اس کا قابو ان پر ہے جو اس سے دوستی رکھیں، اور جو اللہ کا** اسے شریک ٹھہرائیں O

۱۰۱. **اور جب ہم نے بدل دیا ایک آیت کو دوسری کی جگہ، اور** اللہ خوب جانتا ہے جو کچھ نازل فرماتا ہے، تو کافر لوگ بولے، کہ تم بس من گڑھت کرنے والے ہو، بلکہ ان کے بہتیرے نادان ہیں O

۱۰۲.   جواب دو، کہ ''اتارا ہے اس کو روح القدس نے تمہارے پروردگار کی طرف سے بالکل ٹھیک،'' تاکہ ثابت قدم کردے انہیں جو ایمان لائے، اور ہدایت وخوشخبری مسلمانوں کے لئے O

۱۰۳.   اور ہم خوب جانتے ہیں کہ وہ بکتے ہیں، کہ ''اس کو ایک بشر سکھاتا ہے''، اس کی زبان جس کی طرف جھک مار کر لگاتے ہیں عجمی ہے، اور یہ زبان عربی روشن ہے O

۱۰۴.   بیشک جو نہ مانیں اللہ کی آیتوں کو، تو نہیں راہ دیتا انہیں اللہ۔ اوران کے لئے دکھ دینے والا عذاب ہے O

۱۰۵.   جھوٹ تو بس وہ گڑھیں، جو نہ مانیں اللہ کی آیتوں کو۔ اور وہی جھوٹے ہیں O

۱۰۶.   جس نے انکار کر دیا اللہ کا، اس کو مان جانے کے بعد، بجز اس کے کہ مجبور کیا گیا ہے، اور اس کا دل مطمئن ہے ایمان پر، لیکن

ہاں جس نے کھول دیا کفر کے لئے سینہ، تو ان پر غضب ہے اللہ کا۔ اور ان کے لئے بڑا عذاب ہے 0

۱۰۷۔   یہ اس لئے کہ انہوں نے اختیار کر لیا دنیاوی زندگی کو آخرت کے سامنے۔ اور بیشک اللہ نہیں راہ دیتا کافر قوم کو 0

۱۰۸۔   وہ ہیں کہ چھاپ لگا دی اللہ نے ان کے دلوں پر، اور کان پر اور آنکھوں پر۔ اور وہی لوگ غفلت والے ہیں 0

۱۰۹۔   خواہ مخواہ وہ آخرت میں یقیناً دیوالیے ہیں 0

۱۱۰۔   پھر بیشک تمہارا پروردگار، ان کے لئے جنہوں نے ہجرت کی، بعد اس کے کہ ستائے گئے، پھر جہاد کیا، اور صبر کرتے رہے، بیشک تمہارا پروردگار اس کے بعد ضرور مغفرت فرمانے والا بخشنے والا ہے 0

۱۱۱. جس دن کہ آئے گا ہر کس و ناکس اپنے آپ لڑتا جھگڑتا، اور پورا پورا دیا جائے گا جو ہر ایک نے کر رکھا ہے، اور ان پر ظلم نہ ہو گا O

۱۱۲. اور کہاوت بیان کی اللہ نے کہ ایک آبادی تھی، امن و اطمینان سے آتی تھی اس کی روزی ہر جگہ بے بفراغت، پھر اس نے انکار کر دیا اللہ کی نعمتوں کا، پھر چکھایا اسے اللہ نے بھوک اور خوف کے لباس سے، بدلہ ان کے کرتوتوں کا O

۱۱۳. اور بیشک آ گیا ان کے پاس رسول انہیں سے، تو جھٹلایا اسے، چنانچہ پکڑ لیا انہیں عذاب نے اور وہ اندھیر مچا رہے تھے O

۱۱۴. پس کھاؤ جو روزی فرمایا تمہیں اللہ نے، حلال پاکیزہ۔ اور شکر گزار ہو اللہ کی نعمت سے، اگر اسی کو معبود جانتے ہو O

۱۱۵. اس نے بس یہی حرام فرما دیا تم پر، مردار اور خون اور سور کا گوشت، اور جو ذبح کیا جائے غیر اللہ کے لئے۔ پھر بھی جو ناچار ہو گیا،

نہ سرکش ہے اور نہ حد سے بڑھا، تو بلاشبہ اللہ مغفرت فرمانے والا بخشنے والا ہے O

۱۱۶.   اور مت کہہ دیا کرو جو تمہاری زبانیں جھوٹ بکتی ہیں، کہ یہ حلال ہے اور یہ حرام، تاکہ گڑھو اللہ پر جھوٹ"۔ بیشک جو لوگ گڑھیں اللہ پر جھوٹ، ناکام ہیں O

۱۱۷.   دنیا میں رہنا کم، اور ان کے لئے دکھ دینے والا عذاب ہے O

۱۱۸.   اور جو یہودی ہوئے، ہم نے حرام فرما دیا تھا ان پر جو ہم پہلے ظاہر فرما چکے ہیں تم پر۔ اور ہم نے ان پر کچھ ظلم نہیں کیا، ہاں وہی اپنے اوپر ظلم کرتے تھے O

۱۱۹۔ پھر بیشک تمہارا پروردگار، ان کے لئے جس نے برائی کی نادانی سے، پھر توبہ کر لی اس کے بعد اور لائق ہو گئے، تو بلاشبہ تمہارا پروردگار اس کے بعد ضرور مغفرت فرمانے والا بخشنے والا ہے O

۱۲۰۔ بیشک ابراہیم تھے امام، اللہ کے پجاری، سب سے الگ تھلگ، اور مشرکین سے نہ تھے O

۱۲۱۔ شکر گزار اللہ کی نعمتوں کے، چن لیا ان کو اور راہ دی انہیں، سیدھے راستے کی طرف O

۱۲۲۔ اور دی ہم نے انہیں دنیا میں بھلائی۔ اور بیشک وہ آخرت میں ضرور لیاقت والوں سے ہیں O

۱۲۳۔ پھر وحی فرمائی ہم نے تمہاری طرف، کہ پیروی کرو دین ابراہیم کی، سب سے الگ ہو کر۔ اور نہ تھے وہ مشرکوں سے O

۱۲۴۔ سنیچر کی مان دان فرض کی گئی ہے ان پر جنہوں نے اس میں جھگڑا کیا تھا۔ اور بیشک تمہارا پروردگار ضرور فیصلہ فرمائے گا ان کے درمیان قیامت کے دن، جس سارے میں جھگڑا کرتے تھے O

۱۲۵۔ بلاؤ اپنے پروردگار کی راہ کی طرف مضبوط تدبیر، اور اچھی نصیحت کے ساتھ۔ اور بحث کرو ان سے سب سے بہتر انداز سے۔ بیشک تمہارا پروردگار، وہ خوب جانتا ہے، کہ کون بے راہ ہوا اس کی راہ سے، اور وہ خوب جانتا ہے راہ پانے والوں کو O

۱۲۶۔ اور اگر تم جرم کی سزا دو، تو ایسی دو، جیسا جرم تمہارا کیا گیا ہے۔ اور اگر تم نے صبر سے کام لیا، تو بلاشبہ وہ بہتر ہے صبر کرنے والوں کے لئے O

۱۲۷۔ تم صبر کرو اور نہیں ہے تمہارا صبر، مگر اللہ کے کرم سے، اور نہ رنج کرو ان کا، اور دل تنگ نہ ہو ان کے داؤں پیچ سے O

۱۲۸۔   بیشک اللہ ہے ان کے ساتھ جو ڈرے ، اور جو نیکیاں کرنے والے ہیں 0

۱۷۔ سورۃ الاِسراء / بنی اسرائیل

نام سے اللہ کے بڑا مہربان بخشنے والا O

۱.	پاکی اس کی، جو لے گیا اپنے بندہ کو راتوں رات، مسجد حرام سے مسجد اقصیٰ تک، کہ برکت رکھی ہے ہم نے جس کے گرداگرد، تاکہ ان کی چشم دید کر دیں اپنی نشانیاں۔ بیشک وہ سنتا دیکھتا ہے O

۲.	اور دیا ہم نے موسیٰ کو کتاب، اور کر دیا ہم نے اسے ہدایت بنی اسرائیل کے لئے، کہ نہ بناؤ مجھ کو چھوڑ کر کوئی کارساز O

۳.   اے ان کی اولاد جن کو ہم نے کشتی پر سوار کرایا نوح کے ساتھ، بیشک وہ شکر گزار بندہ تھے O

۴.   اور پیغام بھیج دیا ہم نے بنی اسرائیل کی طرف کتاب میں، کہ ضرور فساد مچاؤ گے تم زمین میں دو بار، اور ضرور مغرور ہو جاؤ گے بڑے متکبر O

۵.   چنانچہ جب آگیا ان میں کا پہلا وعدہ، بھیج دیا ہم نے تم پر اپنے کچھ بندوں کو سخت جنگجو، تو وہ تلاشی کو گھس پڑے شہروں کے اندر، اور یہ طے شدہ وعدہ تھا O

۶.   پھر واپس لائے ہم تمہیں دوبارہ ان پر، اور مدد فرمائی تمہاری مال و اولاد سے، اور کر دیا ہم نے تمہیں بڑے جتھے والا O

۷.   اگر تم نے بھلائی کی، تو اپنی بھلائی کی ... اور اگر برائی کی، تو اپنے لئے کی۔ پھر جب آگیا دوسرے فساد کا وعدہ، تاکہ دشمن بگاڑ

دیں تمہارے چہرے، اور تاکہ داخل ہوں مسجد میں جس طرح داخل
ہوئے تھے پہلی بار، اور تاکہ خوب ہی تباہ کر دیں جس چیز پر قابو
پائیں O

۸. ممکن ہے کہ تمہارا پروردگار اب بھی تم پر رحم فرمائے۔ اور
اگر پھر شرارت پر پلٹے، تو ہم بھی عذاب کو پھر لائے... اور بنا دیا ہم
نے جہنم کو کافروں کا قید خانہ O

۹. بیشک یہ قرآن راہ دکھاتا ہے جو سب سے زیادہ سیدھی
ہے، اور مژدہ دیتا ہے اپنے ماننے والوں کو، جو عمل کریں لیاقت
والا، کہ بیشک ان کے لئے بڑا ثواب ہے O

۱۰. اور بیشک جو نہ مانیں آخرت کو، مہیا فرما لیا ہم نے ان کے
لئے دکھ دینے والا عذاب O

۱۱.	اور کوستے ہیں بعض لوگ تباہی کے لئے جیسے دعا ہو بھلائی کے لئے۔ اور انسان بڑا جلد باز ہے O

۱۲.	اور بنایا ہم نے رات اور دن کو دو نشانیاں، چنانچہ مٹی مٹی دھندلی رکھی ہم نے رات کی نشانی، اور کر دیا یا دن کی نشانی کو کھلتی دکھاتی، تاکہ تلاش کروا پنے پروردگار کا فضل، اور تاکہ جانتے رہو ہر ہر سال کے شمار کو اور حساب کو۔ اور ہر چیز کی ہم نے الگ الگ تفصیل کر دی ہے O

۱۳.	اور سارے انسان، ہم نے ان کی قسمت کو ان کے لگے میں پھندا کر دیا۔ اور برآمد کریں گے اس کے لئے قیامت کے دن نوشتہ، جسے پائے گا کھلا ہوا O

۱۴.	کہ پڑھ، اپنا نامہ اعمال۔ کافی ہے تو ہی آج اپنے اوپر حساب کرنے کو O

۱۵.　جس نے راہ پائی، تو اپنے ہی لئے پائی۔ اور جس نے بے
راہی کی، تو اپنے برے کو بے راہی کی۔ اور کوئی بوجھ اٹھانے والی
جان دوسرے کا بوجھ نہ اٹھائے گی۔ اور ہم نہیں ہیں عذاب بھیجنے
والے یہاں تک کہ بھیج لیں رسول کو O

۱۶.　اور جب ہم نے چاہا کہ تباہ کر دیں کسی آبادی کو، تو حکم دیا ہم
نے اس کی عیش والوں کو، تو انھوں نے اس میں نافرمانی کی، تو درست
ہو گئی ان پر بات، تو ہم نے تباہ کر دیا برباد کر کے O

۱۷.　اور کتنے تباہ کر دیے ہم نے طبقے نوح کے بعد۔ اور تمہارا
پروردگار اپنے بندوں کے گناہوں سے کافی خبردار و نگراں ہے O

۱۸.　جس نے جلد والی دنیا چاہی، ہم نے جلدی کر دی اس کے
لئے اس میں، جو چاہیں جس کے لئے چاہیں پھر کر دیا ہم نے اس کے
لئے جہنم۔ کہ جائے وہاں برا کہلاتا، راندہ درگاہ O

۱۹۔   اور جس نے چاہا آخرت کو اور اس کے لئے کوشش کی اس کے قابل ، اور وہ ایمان والا ، تو وہ ہیں کہ جن کی کوشش قابل قدر ہے O

۲۰۔   سبھی کی ہم مدد فرماتے ہیں، ان کی اور ان کی، تمہارے پروردگار کی عطا سے۔ اور نہیں ہے تمہارے پروردگار کی عطا پر پابندی O

۲۱۔   دیکھ لو کہ کیسا بڑھا رکھا ہے ہم نے بعض کو بعض پر۔ اور بلا شبہ آخرت سب درجوں میں بڑی ہے ، اور بڑائی میں سب سے بڑی ہے O

۲۲۔   مت گڑھو اللہ کے ساتھ دوسرا معبود، کہ بیٹھے رہ جاؤ برے کہلاتے رسوا O

۲۳.   اور فیصلہ فرما دیا تمہارے پروردگار نے، کہ نہ پوجو مگر اسی کو، اور ماں باپ سے بھلائی کرنے کا، اگر پہنچ جائیں تمہارے سامنے بڑھاپے کو، ان میں کا ایک یا دونوں، تو مت کہنا انہیں، "ہاں کا ہوں، اور نہ انہیں جھڑکنا، اور بولنا ان سے عزت کرنے والی بولی O

۲۴.   اور بچھا دینا ان کے لئے اپنی چھوٹائی کا بازو ہمدردی سے، اور دعا کرتے رہو کہ پروردگار ان دونوں پر رحم فرما، جیسا کہ پالا انہوں نے مجھے کم سنی میں O

۲۵.   تمہارا پروردگار جانتا ہے جو تمہارے دلوں میں ہے۔ اگر تم لوگ لیاقت مند رہو گے، تو بلا شبہ وہ توبہ کرنے والوں کو بخش دینے والا ہے O

۲۶.   اور دو قرابت والوں کو ان کا حق، اور خانہ برباد کو، اور مسافر کو، اور نہ اڑاؤ فضول O

۲۷.	بیشک فضول خرچ والے شیطانوں کے بھائی بند ہیں۔ اور شیطان اپنے پروردگار کا ناشکرا ہے O

۲۸.	اور اگر ان سے اعراض کرنا پڑے، انتظار میں اپنے پروردگار کی رحمت کے، جس کی تمہیں امید ہے، تو بولو ان سے آسانی بولی O

۲۹.	اور نہ کر رکھو اپنے ہاتھ کو بندھا ہوا اپنی گردن سے، اور نہ کھول ہی دو بالکل، کہ بیٹھنا پڑے افسوس و حسرت کرتے O

۳۰.	بیشک تمہارا پروردگار وسیع کر دیتا ہے روزی جس کے لئے چاہے، اور وہی اندازے بھر کر دیتا ہے، بیشک وہ اپنے بندوں کا خبر گیر و نگراں ہے O

۳۱.	اور تم لوگ نہ مار ڈالا کرو اپنی اولاد کو، تنگدستی کے خطرہ سے ہم ان کو روزی دیں اور تمہیں بھی۔ ان کو مار ڈالنا بڑا گناہ ہے O

۳۲۔ اور پاس نہ جاؤ بدکاری کے، بیشک یہ بے شرمی ہے۔ اور بری راہ ہے O

۳۳۔ اور نہ مار ڈالو کسی جان کو، کہ حرمت رکھی جس کی اللہ نے، مگر حق سے۔ اور جو مار ڈالا گیا بے گناہ، تو ہم نے حق دیا اس کے وارث کو، تو وہ بھی زیادتی نہ کرے قتل کرنے میں۔ کہ اس کی مدد کر دی گئی ہے O

۳۴۔ اور پاس نہ پھٹکو یتیم کے مال کے، مگر خیر خواہانہ طریقہ سے، یہاں تک کہ جب پہنچ جائیں اپنی پوری طاقت کو، اور پورا کرتے رہو تم لوگ عہد کو، بیشک عہد کی باز پرس ہوگی O

۳۵۔ اور پوری ناپ رکھو، جب ناپو اور تولو، ٹھیک ترازو سے۔ یہ بہت بہتر ہے، اور خوش انجام ہے O

۳۶. اور نہ پیچھے پڑو جس کا تمہیں علم نہیں۔ بیشک کان اور آنکھ اور دل، ان سب کی باز پرس ہوگی O

۳۷. اور مت چلو زمین میں اتراتے ہوئے۔ بلاشبہ نہ تو تم پھاڑ سکو گے زمین کو، اور نہ بڑھ کر پہاڑ ہو جاؤ گے لمبائی میں۔ O

۳۸. یہ سب ان میں کی بری بات، تیرے پروردگار کو ناپسند ہے O

۳۹. یہ ہے وحی بھیجی تم تک، تمہارے پروردگار نے، حکمت کی باتیں۔ اور نہ گڑھو اللہ کے ساتھ دوسرا معبود، کہ ڈال دیے جاؤ جہنم میں ملامت کیا ہوا، راندہ درگاہ O

۴۰. تو کیا چن دیا تمہارے پروردگار نے تمہارے لئے بیٹے، اور اپنے لئے بنائیں فرشتوں سے بیٹیاں۔ بیشک تم لوگ بڑا بول بولتے ہو O

۴۱. اور بیشک ہم نے کئی طرح سے بیان فرمایا اس قرآن میں،
تاکہ وہ سمجھ سے کام لیں، اور نہیں بڑھتی ان میں مگر نفرت O
۴۲. کہہ دو، کہ اگر ہوتے اس کے ساتھ اور کئی معبود، جس طرح کہ
وہ بکتے ہیں، جب تو پھر ڈھونڈ نکالتے عرش والے کی طرف کوئی
راہ O
۴۳. پاکی ہے اس کی، اور وہ بلند و بالا ہے اس سے جو بکتے ہیں،
کہیں بڑھا چڑھا O
۴۴. اس کی پاکی کرتے ہیں ساتوں آسمان اور زمین، اور جو ان میں
ہیں۔ اور کوئی موجود نہیں، مگر تسبیح کرتی ہے اس کی حمد کے ساتھ، لیکن
تم لوگ نہیں سمجھتے ان کی تسبیح کو۔ بیشک وہ بردبار مغفرت فرمانے والا
ہے O

۴۵. اور جب تم نے قرآن پڑھا، کر دیا ہم نے تمہارے اور ان کے درمیان، جو نہیں مانتے آخرت کو، پوشیدہ پردہ O

۴۶. اور ڈال دیا ان کے دلوں پر غلاف، کہ سمجھ سکیں۔ اور ان کے کانوں میں بہرا پن۔ اور جب ذکر کیا تم نے اپنے اکیلے پروردگار کا قرآن میں، پلٹ پڑے پیٹھ پھیرے، نفرت کرتے O

۴۷. ہم خوب جانتے ہیں جس کے لئے وہ سنتے ہیں، جب وہ تمہاری طرف کان کرتے ہیں، اور جب وہ خفیہ مشورہ کرتے ہیں، جب کہ یہ ظالم بکا کرتے ہیں، کہ تم نہیں پیروی کرتے، مگر ایک جادو مارے شخص کی O

۴۸. دیکھو تو، کیسی مثال بنائی تمہارے لئے، چنانچہ بھٹک گئے، کہ راہ نہیں پا سکتے O

۴۹.	اور سب یہ بھی بکے کہ "کیا جب ہو چکے ہڈیاں اور چورا، تو کیا ہم واقعی اٹھائے جائیں گے از سر نو پیدا کر کے؟ O

۵۰.	جواب دے دو، کہ تم پتھر ہو جاؤ یا لوہا O

۵۱.	یا کوئی مخلوق، جو بڑی ہو تمہارے دلوں میں، تو وہ جلدی سے پوچھیں گے، کہ کون ہمیں دوبارہ پیدا کرے گا؟ جواب دو، کہ جس نے پیدا فرمایا تھا تمہیں پہلی مرتبہ۔ تو جلدی سے وہ اپنی اپنی کھوپڑی ہلا ہلا کر رہیں گے اور کہیں گے، کہ یہ کب؟ بتاؤ، کہ کیا بعید ہے کہ وہ قریب ہی ہو O

۵۲.	جس دن پکارے گا تمہیں، تو تعمیل کرو گے اس کی حمد کرتے ہوئے، اور قرار دو گے کہ تم نہیں ٹھہرے کہیں، مگر کم O

۵۳. اور میرے سچے بندوں سے کہہ دو، کہ بولا کریں جو سب سے
زیادہ خوشگوار بولی ہو۔ بیشک شیطان کونچے دیتا ہے ان میں۔ بیشک
شیطان جنم سے انسان کا کھلا دشمن رہاO

۵۴. تم لوگوں کا پروردگار تمہیں خوب جانتا ہے۔ اگر چاہے تم
لوگوں کو بخش دے، یا اگر چاہے تو عذاب فرمائے۔ اور نہیں بھیجا ہم
نے تم کو ان کا ذمہ دار جواب دہO

۵۵. اور تمہارا پروردگار خوب جانے، جو آسمانوں میں اور زمین
میں ہیں، اور بیشک فضیلت دی ہم نے بعض نبیوں کو بعض پر۔ اور دیا
ہم نے داوٗد کو زبورO

۵۶. کہہ دو، کہ پکارو دیکھو انہیں جو اللہ کے مقابل ہیں تمہارے
نزدیک، تو نہ اختیار رکھتے ہیں نقصان دور کرنے کا تم سے، اور نہ لوٹا
دینے کاO

۵۷. وہ مقبول لوگ جنھیں کفار معبود پکارتے ہیں، وہ خود چاہتے ہیں اپنے پروردگار کی طرف وسیلہ، کہ ان کا کون سب سے زیادہ نزدیکی ہے، اور امیدوار ہیں اس کی رحمت کے، اور ڈریں اس کے عذاب کو۔ بیشک تمہارے پروردگار کا عذاب جہنم سے بچنے کی چیز رہی O

۵۸. اور کوئی آبادی نہیں، مگر ہم ہیں اس کو تباہ کرنے والے روز قیامت سے پہلے، یا اس میں عذاب بھیجنے والے، سخت عذاب، اور یہ کتاب میں برابر لکھا رہاO

۵۹. اور نہیں روکا ہمیں اس سے کہ بھیج دیں ہم آخری نشانیاں، مگر اس بات نے کہ جھٹلا چکے ہیں اس کو اگلے لوگ۔ اور دے دیا تھا ہم نے ثمود کو اونٹنی، کہ آنکھ کھول دے۔ تو انھوں نے اندھیر مچایا اس کے ساتھ۔ اور ہم نہیں بھیجا کرتے نشانیوں کو، مگر ڈرانے کے لئےO

٦٠. اور جب کہ کہا ہم نے تم کو، کہ بلا شبہ تمہارا پروردگار چھا گیا ہے سب لوگوں پر، اور نہیں بنایا ہم نے تمہارے اس خواب کو جو تمہیں دکھایا، مگر لوگوں کو آزمائش، اور وہ درخت جس کو ملعون کہا گیا ہے قرآن میں۔ اور ہم تو انہیں ڈراتے ہیں۔ نہیں بڑھتی ان میں مگر بڑی سرکشی O

٦١. اور جب کہ حکم دیا ہم نے فرشتوں کو کہ سجدہ کرو آدم کا، تو سب نے سجدہ کیا، مگر ابلیس۔ بولا کہ 'کیا میں سجدہ کروں اس کا، جسے پیدا فرمایا تو نے خاک سے؟ O

٦٢. بولا کہ ''دیکھ تو سہی، تو نے اس کی عزت بخش دی مجھ پر۔ اچھا، اگر مہلت دے دی تو نے مجھے روز قیامت تک کی، تو ضرور داب لوں گا ان کی اولاد کو، مگر تھوڑے O

۶۳۔ فرمان ہوا، ''جا! تو جس نے غلامی کی تیری ان میں سے، تو بلا شبہ جہنم تم سب کی سزا ہے، پوری سزا O

۶۴۔ اور لغزش میں ڈال دے جن پر تیری سکت ہو ان میں سے اپنی آواز سے، اور ان پر جھونک دے اپنے سواروں اور پیادوں کو، اور شریک بن جا ان کا مال و اولاد میں، اور وعدے کیا کر''۔ اور شیطان نہیں وعدہ کرتا، مگر محض دھوکا O

۶۵۔ ''بیشک میرے مخلص بندے، نہیں ہے تیرا ان پر کچھ زور''۔ اور تمہارا پروردگار کافی کارساز ہے O

۶۶۔ تمہارا پروردگار، جو رواں کرتا ہے تمہارے لئے کشتیوں کو دریا میں، کہ تلاش کرو اس کا فضل، بیشک وہ تم پر رحم فرماتا رہا O

٦٧.　اور جب لگا تمہیں خطرہ دریا میں، تو گم ہو گئے جنہیں پکارتے
ہو معبود، سوا اسی معبود برحق کے۔ پھر جب نجات دے دی تمہیں خشکی
تک، تو رخ پھیر لیا تم نے۔ اور انسان ناشکرا ہی رہاO

٦٨.　کیا تمہیں اطمینان ہے کہ دھنسا دے تم پر خشکی کا کنارہ، یا بھیج
دے تم پر پتھروں کی بارش، پھر نہ پاؤ اپنا کوئی کارسازO

٦٩.　یا کیا نڈر ہو گئے، کہ دوبارہ لے جائے تمہیں اسی دریا میں، پھر
چلا دے تم پر کشتی توڑ ہوا، تو ڈبو دے تمہیں، کہ تم نے ناشکری کی
ہے۔ پھر نہ پاؤ گے تم اپنا کوئی، ہمارا پیچھا کرنے والاO

٧٠.　اور بیشک معزز کیا ہم نے اولاد آدم کو اور سوار کیا انہیں خشکی
اور تری میں، اور روزی فرمائی انہیں پاکیزہ چیزیں، اور فضیلت دی
انہیں بہتیری اپنی مخلوق پر، بڑی فضیلتO

۷۱.	جس دن پکاریں گے ہم سب لوگوں کو ان کے اپنے امام کے ساتھ، تو جس کو دیا گیا اس کا نامہ اعمال داہنے ہاتھ میں، تو وہ پڑھیں گے اپنا نامہ اعمال، اور نہ محروم کیے جائیں گے یہ حق سے سوت بھر O

۷۲.	اور جو بھی اس دنیا میں رہا اندھا، تو وہ آخرت میں بھی اندھا ہے اور گم کردہ راہ O

۷۳.	اور قریب تھا کہ پھسلا دیں تمہیں اس سے، جو ہم نے وحی فرمائی تمہاری طرف، کہ تم گڑھ لو ہم پر دوسری بات۔ اور اس وقت وہ بنا لیتے تم کو دلی دوست O

۷۴.	اور اگر نہ پیدا کیا ہوتا ہم نے تمہیں ثابت قدم، تو کیا دور تھا کہ جھک پڑتے تم ان کی طرف کچھ نہ کچھ O

۷۵. تب تو ہم چکھا دیتے تمہیں دونی عمر، اور دونی موت کا مزہ۔
پھر نہ پاتے تم اپنا ہمارے سامنے کوئی مددگار O

۷۶. اور قریب تھا کہ کھسکا دیں تمہیں اس اراضی سے، تاکہ نکال
دیں تمہیں اس سے، اور ایسے میں وہ بھی نہ ٹھہرتے تمہارے بعد،
مگر اہ کچھ ہی O

۷۷. دستور ان کا، جنہیں بھیجا ہم نے تم سے پہلے، اپنے کئی
رسول، اور نہ پاؤ گے ہمارے دستور میں تبدیلی O

۷۸. پابندی کرو نماز کی، سورج ڈھلنے سے رات کی تاریکی تک۔
اور فجر کی نماز، کہ بلاشبہ فجر کی نماز کا وقت حاضری کا ہے O

۷۹. اور رات کو، تو تہجد پڑھو اس میں، مزید حکم ہے تمہیں پر۔
عنقریب تمہاری جگہ بنائے گا تمہارا پروردگار، مقام محمود کو O

۸۰۔ اور دعا کرو کہ "پروردگار اندر لے جا مجھے تو سچی طرح، اور باہر نکال تو سچی طرح، اور بنا دے ہمارا اپنی طرف سے مددگار طاقت O

۸۱۔ اور کہو کہ "آگیا حق اور مٹ گیا باطل۔ بیشک باطل مٹنے کی چیز ہے O

۸۲۔ اور نازل فرماتے ہیں ہم قرآن، جو کہ شفاء رحمت ہے ماننے والوں کے لئے، اور نہیں اضافہ کرتا اندھیر والوں میں، مگر نقصان کا O

۸۳۔ اور جب انعام فرمایا ہم نے انسان پر، تو بے رخی کی، اور اپنی طرف ہٹ گیا۔ اور جب پہنچی اسے خرابی، تو ناامید ہو گیا O

۸۴۔ کہہ دو، کہ ہر ایک عمل کرتا ہے اپنے کینڈے کا۔ تو تمہارا پروردگار خوب جانتا ہے، کہ کون زیادہ راہ کا پانے والا ہے O

۸۵۔ اور پوچھتے ہیں تم سے روح کے بارے میں، جواب دو کہ روح میرے پروردگار کے حکم سے ہے''، اور نہیں دیا گیا تمہیں علم سے، مگر تھوڑا O

۸۶۔ اور اگر ہم چاہتے تو فنا کر دیتے، جو وحی بھیجی ہے ہم نے تمہاری طرف، پھر نہ پاتے تم اپنا ہمارے یہاں وکیل O

۸۷۔ مگر تمہارے پروردگار کی رحمت ہے، بیشک اس کا فضل تم پر بڑا رہا کیا O

۸۸۔ اعلان کر دو، کہ اگر اکٹھا ہو جائیں سارے انسان اور جنات اس پر، کہ لے آئیں اس قرآن کی طرح، تو نہ لائیں گے ایسا، گو ہو جائیں بعض بعض کے پشت پناہ O

۸۹۔ اور بیشک کئی طرح سے بیان فرمایا ہم نے لوگوں کے لئے اس قرآن میں ہر بات، تو انکار ہی کر دیا بہتوں نے ناشکری سے O

۹۰. اور بولے کہ ''ہرگز نہ مانیں گے ہم آپ کو، یہاں تک کہ بہا دو ہمارے لیئے زمین سے کوئی چشمہ O

۹۱. یا ہو آپ کا باغ کھجور اور انگور کا، پھر بہا دو نہریں ان کے درمیان خوب O

۹۲. یا گرا دو آسمان کو جیسا کہ کہا کیے ہو ہم پر ٹکڑے ٹکڑے، یا لے آؤ اللہ اور فرشتوں کو آمنے سامنے O

۹۳. یا ہو تمہارا کوئی گھر سونے کا، یا چڑھ جاؤ آسمان میں۔ اور ہم نہ مانیں گے تمہارے چڑھ جانے کے سبب، یہاں تک کہ اتار کر لاؤ ہم پر کوئی کتاب، کہ ہم اسے پڑھیں''۔ جواب دو کہ ''پاکی ہے میرے پروردگار کی، میں ہوں کیا، بجز ایک انسان کے، جو رسول ہے O

۹۴. اور نہیں روکا لوگوں کو ایمان لانے سے، جب کہ آ گئی ان کے پاس ہدایت۔ مگر یہ، کہ ان کا قول رہا، کہ کیا اللہ نے بھیجا ہے بشر کو رسول O

۹۵. جواب دے دو کہ ''اگر ہوتے زمین میں فرشتے، چلتے پھرتے چین کرتے، تو ضرور ہم اتارتے ان پر آسمان سے فرشتہ کو رسول O

۹۶. کہہ دو کہ ''اللہ کافی گواہ ہے میرے اور تمہارے درمیان''۔ بیشک وہ اپنے بندوں سے خبر دار و نگراں رہا O

۹۷. اور جسے اللہ راہ دے، تو وہ راہ پر ہے۔ اور جسے بے راہ رکھے، تو ہرگز نہ پاؤ گے مفید ان کے لئے انہیں، جو اللہ کو چھوڑ کر فرضی اولیاء ہیں۔ اور حشر کریں گے ہم ان کا قیامت کے دن ان کے منہ کے بل، اندھے، اور گونگے اور بہرے، ان کا ٹھکانہ ہے جہنم۔ جب بجھنے لگی، ہم نے بھڑکا دیا O

۹۸۔ یہ سزا ہے ان کی، کہ انہوں نے انکار کیا ہماری آیتوں کا، اور بکا کیے، کہ "کیا جب ہم ہو چکے ہڈیاں اور چورا چورا، تو ہم کیا واقعی اٹھائے جائیں گے، نئے سرے سے پیدا کر کے O

۹۹۔ کیا انہیں نہیں سوجھا، کہ بیشک اللہ، جس نے پیدا فرما دیا آسمانوں اور زمین کو، قدرت رکھتا ہے اس پر، کہ پیدا فرما دے انہیں کی طرح، اور کر دیا ان کا ایک وقت جس میں کوئی شک نہیں۔ مگر اندھیر والوں نے تو انکار کر دیا نا شکری میں O

۱۰۰۔ کہو کہ "اگر تم لوگ مالک ہوتے میرے پروردگار کی رحمت کے خزانوں کے، تو انہیں بند کر دو خرچ ہو جانے کے ڈر سے"۔ اور انسان بڑا کنجوس رہا O

۱۰۱۔ اور بیشک دیں ہم نے موسیٰ کو نو نشانیاں روشن، تو پوچھ لو بنی اسرائیل سے جب وہ آئے تھے ان میں، تو بولا انہیں فرعون کہ

''بلاشبہ میں ضرور خیال کرتا ہوں آپ کے بارے میں اے موسیٰ، کہ

جادو کا معاملہ ہے O

۱۰۲.   جواب دیا کہ ''سچ یہ ہے، کہ تو خوب جان چکا ہے، کہ نہیں

نازل فرمایا ان سب کو، مگر آسمانوں اور زمین کے پالنے والے نے،

آنکھیں کھولنے کو، اور بلاشبہ میں خیال کرتا ہوں تجھے اے فرعون، کہ

ہلاک ہو جائے گا O

۱۰۳.   تو اس نے چاہا کہ کھسکا دے انہیں اراضی سے، چنانچہ ڈبو دیا

ہم نے اس کو اور اس کے سب ساتھیوں کو O

۱۰۴.   اور فرما دیا اس کے بعد بنی اسرائیل کو، کہ رہو سہو اس زمین

میں، پھر جہاں آیا آخرت کا وعدہ، لے آئے ہم تمہیں لپیٹ کر O

۱۰۵.   اور ہم نے بالکل ٹھیک اسے نازل کیا، اور وہ ٹھیک ہی

نازل ہوا، اور نہیں بھیجا ہم نے تم کو، مگر خوشخبری سناتا اور ڈراتا O

۱۰۶. اور قرآن کو، ہم نے ذرا ذرا کر کے بھیجا، تاکہ تم پڑھو اسے
لوگوں پر ٹھہر ٹھہر کر، اور ہم نے اسے آہستہ آہستہ کر کے اتاراO

۱۰۷. کہہ دو، کہ اسے مانو یا نہ مانو۔ بیشک جنہیں دیا گیا ہے علم اس
کے پہلے سے، جب تلاوت کیا جاتا ہے قرآن ان پر، تو گر جاتے ہیں
ٹھوڑی کے بل سجدہ کرتے ہوئےO

۱۰۸. اور کہتے ہیں، ''پاکی ہے ہمارے پروردگار کی، بیشک
ہمارے پروردگار کا وعدہ کیا دھرا ہےO

۱۰۹. اور گرتے ہیں ٹھوڑی کے بل روتے ہیں، اور بڑھتا جاتا ہے
ان کے دل کا جھکاؤO

۱۱۰. تم کہہ دو کہ ''تم لوگ اللہ کہہ کر پکارو یا رحمن کہہ کر پکارو، جو کچھ
کہہ کر پکارو، سب اچھے نام اسی کے تو ہیں۔ اور نہ چلاؤ اپنی نماز میں،
اور نہ پھسپھساؤ اس میں، اور ان کے بیچ کا راستہ رکھوO

۱۱۱۔ اور کہتے رہو کہ ''ساری حمد اللہ کی، جس نے نہ رکھا اپنی کوئی اولاد، اور نہ کبھی رہا اس کا کوئی شریک بادشاہی میں، اور نہ کبھی رہا اس کا مددگار کمزوری کی بنا پر، اور بولتے رہو اس بڑے کی تکبیر O

۱۸۔ سورۃ الکھف

نام سے اللہ کے بڑا مہربان بخشنے والا O

۱. ساری حمد اللہ کی، جس نے اتارا اپنے بندہ پر کتاب کو، اور نہ دی اسے کچھ بھی کجی O

۲. سراپا راست، تاکہ ڈرا دے اللہ کے پاس سے آنے والے سخت عذاب سے، اور خوشخبری دے دے ماننے والوں کو، جو کام کریں لیاقت والے، کہ بلاشبہ ان کے لئے اچھا ثواب ہے O

۳۔   جس میں ہمیشہ ٹھہریں گے O

۴۔   اور ڈرا دے انہیں، جو بکا کیے کہ "بنایا ہے اللہ نے اپنی

اولاد O

۵۔   نہ انہیں اس کا کچھ علم ہے اور نہ ان کے باپ دادوں کو، کتنی

بڑی بولی نکل پڑی ان کے منہ سے۔ نہیں بولتے، مگر بس جھوٹ O

۶۔   تو کیا کہیں کھیل جاؤ گے اپنی جان پر ان کے پیچھے، اگر کفار

نے نہ مانا اس بات کو، صدمہ کر کے؟ O

۷۔   بیشک ہم نے پیدا فرمایا زمین پر اس کا سنگار، تاکہ ہم

آزمائیں، کہ ان میں کون کام میں سب سے اچھا ہے O

۸۔   اور بیشک ہم ضرور کر دینے والے ہیں جو کچھ اس پر ہے،

میدان بنجر O

۹۔ کیا تمہیں پتہ چلا؟ کہ کھوہ اور وادی رقیم والے تھے ہماری نشانیوں سے، انوکھے O

۱۰۔ جب کہ پناہ لی ان جوانوں نے کھوہ کی طرف، تو دعا کہ "پروردگار دے ہمیں اپنی طرف سے رحمت، اور سامان کر دے ہمارے لئے، ہمارے معاملہ میں راہ پا جانے کی O

۱۱۔ تو تھپکی ماری ہم نے ان کے کانوں پر کھوہ میں کئی سال O

۱۲۔ پھر اٹھایا ہم نے انہیں، کہ دونوں گروہوں میں سے کون ٹھیک گننے ہے مدت کو، جس میں وہ ٹھہرے O

۱۳۔ ہم ظاہر کیے دیتے ہیں تم پر ان کا واقعہ ٹھیک ٹھیک۔ وہ کچھ نوجوان تھے، مان گئے تھے اپنے پروردگار کو، اور بڑھا دی ہدایت ہم نے فرمائی تھی O

۱۴۔ اور ہم نے ڈھارس دی ان کے دلوں پر جب کہ کھڑے ہو گئے، پھر بولے کہ ہمارا پروردگار آسمانوں اور زمین کا پالنہار ہے، ہم ہرگز نہ پکاریں گے انہیں، جو اس کو چھوڑ کر معبود بنائے گئے ہیں، کہ ایسا کرنے پر ہم نے بڑی بے جا بات کہی O

۱۵۔ اس ہماری قوم نے بنا لیے بہت سے معبود اللہ سے الگ۔ کیوں نہیں لاتے ان پر کوئی روشن دلیل۔ تو کون زیادہ اندھیر والا ہے اس سے، جس نے گڑھ لیا اللہ پر جھوٹ O

۱۶۔ اور جب کنارہ کش ہو چکے، تو ان سے اور جو کچھ یہ پوجیں اللہ کے سوا، تو پناہ لے لو کھوہ میں، عام کر دے گا تمہارے لئے تمہارا پروردگار اپنی رحمت، اور مہیا فرما دے گا تمہارے لئے تمہارے کام میں آسانی O

۱۷۔ اور سورج کو دیکھو گے کہ جب نکلا، تو بچ کر جاتا ہے ان کے کھوہ سے داہنی طرف، اور جب ڈوبا، تو کترا جاتا ہے ان سے بائیں کو، اور وہ لوگ اس کے کھلے مقام میں ہیں۔ یہ اللہ کی نشانیاں ہیں۔ جسے راہ اللہ دے، تو وہ راہ پانے والا ہے۔ اور جس کو بے راہ رکھے، تو نہ پاؤ گے اس کا کوئی مددگار رہنما O

۱۸۔ اور تم خیال کرو گے انہیں کہ جگ رہے ہیں، حالانکہ وہ سو رہے ہیں، اور کروٹیں کراتے ہیں ہم انہیں داہنے بائیں۔ اور ان کا کتا بچھائے ہے اپنے دونوں ہاتھ چوکھٹ پر۔ اگر تم جھانکتے ان پر، تو ضرور پلٹ جاتے ان سے بھاگ کر، اور ضرور بھر جاتے ان کے رعب سے O

۱۹۔ اور اسی طرح اٹھایا ہم نے انہیں، تاکہ باہمی دریافت کریں۔ ایک پوچھنے والے نے ان میں سے پوچھا، کہ کتنا تم لوگ ٹھہرے؟ کچھ

نے جواب دیا کہ ''ایک دن یا اس سے بھی کم''۔ کچھ نے کہا کہ ''تمہارا پروردگار خوب جانتا ہے جتنا تم لوگ ٹھہرے''، تو اپنے کسی ایک کو بھیجو اس نقرئی سکہ کو لے کر شہر کی جانب، کہ وہ دیکھے کہ سب میں کون کھانا زیادہ پاکیزہ ہے، چنانچہ لے آئے تمہارے پاس اسی سے کھانے کو، اور نرم بنا رہے اور پتا نہ دے تمہارا کسی کو O

۲۰. بلا شبہ وہ کافر لوگ اگر چڑھ آئے تم پر، تو پتھراؤ کریں گے تمہارا، یا لوٹائیں گے تم کو اپنے دھرم میں، اور پھر نہ کامیاب ہو سکو گے کبھی O

۲۱. اور اسی طرح آگاہی دی ہم نے ان پر، تاکہ سب جان لیں کہ اللہ کا وعدہ ٹھیک ہے، اور بیشک قیامت میں کوئی شک و شبہ نہیں۔ جب کہ وہ جھگڑنے لگے یا ہم ان کے بارے میں، چنانچہ بولے کہ بناؤ ان پر قبے۔ ان کا پروردگار خوب جانتا ہے انہیں۔ بولے وہ لوگ جو

غلبہ لے چکے تھے ان کے معاملہ میں کہ ہم ضرور بنائیں گے ان کی درگاہ پر مسجدO

۲۲۔ عنقریب چند لوگ کہیں گے کہ تین، اور چوتھا ان کا کتا۔ اور کوئی کہیں گے پانچ، چھٹا ان کا کتا، بے دیکھے تیر تکا۔ اور کچھ کہیں گے سات، اور آٹھواں ان کا کتا، کہہ دو کہ ''میرا پروردگار خوب جانتا ہے، ان کے شمار کو، اور انہیں نہیں جانتے مگر تھوڑے لوگ''... تو تم نہ بحث کیا کرو ان کے بارے میں، مگر جو ظاہر کر دی گئی بحث۔ اور نہ پوچھا کرو ان کے بارے میں ان یہودیوں میں سے کسی سےO

۲۳۔ اور نہ کہا کرو کسی اپنے چاہے کو، کہ میں کل یہ کر دوں گاO

۲۴۔ مگر، یہ کہ اللہ بھی چاہے''۔ اور یاد کرو اپنے پروردگار کو، جب بھول گئے ہو، اور کہو کہ قریب ہے کہ راہ دے گا مجھے میرا پروردگار اس سے بھی زیادہ، جو نزدیک ہے ہدایت کےO

۲۵۔ اور وہ لوگ رہے اپنے پہاڑ کی کھوہ میں تین سو برس، اور مزید نو سال O

۲۶۔ کہہ دو کہ "اللہ خوب جانتا ہے کہ کتنا رہے"۔ اسی کے لئے ہے غیب آسمانوں اور زمین کا۔ کیا ہی دیکھتا اور کیسا سنتا ہے۔ نہیں ہے ان کا اسے چھوڑ کر کوئی والی، اور نہیں شریک کرتا اپنے حکم میں کسی کو O

۲۷۔ اور تلاوت کرتے رہو جو وحی کی گئی تمہاری طرف تمہارے پروردگار کی کتاب۔ کوئی نہیں بدلنے والا اس کے کسی کو کلمے کا... اور نہ پاؤ گے تم اس کو چھوڑ کر کوئی پناہ گاہ O

۲۸۔ اور اپنے کو پابند رکھو ان کی صحبت کا، جو پکارا کریں اپنے پروردگار کو صبح و شام، طالب ہیں اس کی ذات کے، اور نہ ہٹیں تمہاری آنکھیں ان سے، کہ خواہش مند قرار پاؤ دنیاوی زندگی کی

آرائش کا۔ اور نہ مانو کہا اس کا، کہ غفلت میں پڑا رہنے دیا ہم نے اس کے دل کو اپنی یاد سے، اور وہ غلام ہو گیا اپنی خواہش کا، اور اس کا کام حد سے باہر ہوتا رہا O

۲۹. اور بتا دو، کہ یہ ٹھیک بات تمہارے پروردگار کی طرف سے ہے، تو جس کی خوشی ہے، وہ تو مانے اور جو خوش نہیں، تو وہ انکار کر دے۔ بیشک ہم نے مہیا فرما لیا اندھیر والوں کے لئے آگ، کہ گھیر لیا انہیں جس کی چہار دیواری نے۔ اور اگر پانی مانگیں تو پانی دیا جائے گا جیسے پگھلتی کھولتی دھات، جو بھون ڈالے ان کے منہ کو۔ کیسا برا پانی ہے۔ اور کتنی بری جگہ ہے O

۳۰. بیشک جنہوں نے مانا، اور لیاقت کے کام کیے، تو بلاشبہ ہم ضائع نہیں کرتے اس کے ثواب کو جس نے اچھا کام کیا O

۳۱۔   وہ ہیں جن کے لئے ہیں سدا بہار باغ، بہتی ہیں جن کے نیچے نہریں، پہنائے جائیں گے اس میں کڑے سونے کے، اور پہنیں گے کپڑے سبز رنگ کے، ریشمی کریب اور پوت کے، تکیہ لگائے ہوئے وہاں اپنے اپنے تخت پر، کیا خوب ثواب ہے۔ اور کتنی اچھی آرام گاہ ہے O

۳۲۔   اور انہیں مثال سناؤ دو شخصوں کی، کہ جن میں سے ایک کو ہم نے دو باغ دیے انگوروں کے، اور خوب گھنی احاطہ بندی کی ہم نے ان کی کھجور کے درختوں سے، اور دونوں باغ کے درمیان بنا دی ہم نے کھیتی O

۳۳۔   دونوں باغ لائے خوب اپنے پھل اور کچھ کمی نہ کی، اور نکال دی ہم نے ان کے درمیان نہر O

۳۴۔ اور تھا وہ شخص پھلا پھولا، تو وہ بولا اپنے ساتھی سے بات چیت کرتے کرتے، کہ میں تجھ سے مال میں زیادہ اور جتھا میں بڑا زور دار ہوں O

۳۵۔ اور اندر گیا اپنے باغ کے، اپنے لئے اندھیر کرتا ہوا۔ بولا کہ "مجھے اس کا گمان بھی نہیں کہ یہ بہار کبھی برباد ہو O

۳۶۔ اور مجھے اس کا گمان بھی نہیں کہ قیامت قائم ہوگی، اور بیشک اگر میں لوٹا ہی دیا گیا اپنے پروردگار کی طرف، تو ضرور پاؤں گا میں اس سے بہت بہتر ٹھکانہ O

۳۷۔ جواب دیا اس کو اس کے ساتھی نے باتیں کرتے کرتے کہ "کیا ناشکرے ہو گئے اس کے، جس نے تجھے پیدا فرمایا مٹی سے، پھر نطفہ سے، پھر کر دیا تجھے سڈول مرد، O

۳۸. لیکن ہم، تو ہمارا پروردگار وہی اللہ ہے، اور ہم نہیں شریک مانتے اپنے پروردگار کا کسی کو O

۳۹. ''اور جب تو باغ کے اندر گیا، تو کیوں نہ کہا کہ جو اللہ نے چاہا ہوا، کوئی کسی کا زور نہیں، سو اللہ کے۔ اگر تیرے دیکھنے میں تجھ سے کم ہوں مال و اولاد میں O

۴۰. تو قریب ہے کہ میرا پروردگار مجھ کو دے، تیرے باغ سے بہتر، اور بھیج دے اس تیرے باغ پر عذاب آسمان سے، تو ہو جائے میدان کائی لگا O

۴۱. یا دھنس کے رہ جائے اس کا پانی، تو تم ڈھونڈھے نہ پاسکو O

۴۲. اور گھیرے میں ڈال دیا گیا اس کا پھلنا پھولنا، تو اب اپنی ہتھیلیاں ملتا ہے، جو لاگت لگائی تھی اس میں اور وہ اپنی ٹٹیوں پر گر پڑا

ہے، اور کہنا پڑتا ہے کہ ''اے کاش میں نے شریک نہ بنایا ہوتا
اپنے پروردگار کا کسی کو O

۴۳. اور نہ رہ گئی اس کی کوئی پارٹی، جو اللہ کے مقابل مدد کرے۔
اور نہ خود بدلہ لینے کے قابل تھا O

۴۴. یہاں کھلا کہ ''اختیار اللہ برحق کا ہے۔ وہی ثواب دینے میں
سب سے بہتر اور انجام بخیر فرمانے والا ہے، O

۴۵. اور انہیں بتا دو مثال دنیاوی زندگی کی، کہ جیسے پانی، ہم نے
جسے برسایا آسمان کی طرف سے، تو گھل مل گئی اس سے زمین کی ہری
گھاس، پھر وہ ہوگئی سوکھی، کہ ہوا میں اس کا تنکا اڑائیں۔ اور اللہ ہر
چاہے پر قابو رکھنے والا ہے O

۴۶. مال اور اولاد، آرائش ہیں دنیاوی زندگی کی، اور ہمیشہ رہنے والی قیامت کی چیزیں، زیادہ بہتر ہیں تمہارے پروردگار کے نزدیک ثواب میں، اور نہایت خوب ہیں امید رکھنے میں O

۴۷. اور جس دن کہ ہم چلا دیں گے پہاڑوں کو، اور دیکھو گے زمین کو ہر شے سے صاف، اور ہم نے ان کا حشر کیا، تو کسی کو نہ چھوڑا O

۴۸. اور سب پیش کیے گئے تمہارے پروردگار کے حضور پرا لگائے، آخر آ ہی گئے تم ہمارے پاس، جس طرح کہ پیدا فرمایا تھا ہم نے تمہیں پہلی بار، بلکہ تم تو بکتے تھے کہ ہم نہ مقرر کریں گے تمہارے لئے وعدہ کا کوئی وقت O

۴۹. اور جہاں رکھ دیا گیا نامہ اعمال، تو دیکھو گے مجرم لوگوں کو ڈرتے ہیں اور میں جو لکھا ہے، اور چلاتے ہیں کہ ہائے رہے تباہی،

آخر کیا ہے اس نامہ اعمال کو، کہ نہ چھوٹا چھوڑے نہ بڑا، مگر سب گھیر لیا۔ اور پا لیا جو کچھ کیا تھا سامنے۔ اور ظلم نہیں فرماتا تمہارا پروردگار کسی پر O

۵۰. اور جب کہ حکم دیا ہم نے فرشتوں کو کہ ''سجدہ کرو آدم کا، تو سب نے سجدہ کیا، مگر ابلیس نے''۔ گرہ جن سے تھا، تو اپنے رب کے حکم سے نکل گیا، تو کیا تم لوگ بناؤ گے اس کو اور اس کی اولاد کو میرے مقابل کا دوست؟ حالانکہ وہ سب تمہارے دشمن ہیں۔ کتنا برا ہے اندھیر والوں کا بدل O

۵۱. میں نے ان لوگوں کو نہ تو گواہ بنایا تھا آسمانوں اور زمین کی پیدائش، نہ خود ان کی پیدائش کا۔ اور نہ مجھے زیبا، کہ بناؤں گمراہ کرنے والوں کو قوت بازو O

۵۲۔ اور جس دن فرمائے گا کہ "پکارو اپنے فرضی میرے شریکوں کو"، تو انہوں نے آواز دی، پھر بھی انہیں جواب نہ دیا اور کر دیا ہم نے ان کے درمیان میدان ہلاکت O

۵۳۔ اور دیکھا مجرم لوگوں نے آگ، تو سمجھ گئے کہ وہ بلاشبہ اس میں پڑنے والے ہیں، اور نہ پایا اس سے پھرنے کی جگہ O

۵۴۔ اور ہم نے بیشک طرح طرح سے بیان کیا اس قرآن میں لوگوں کے لئے، ہر مضمون کو۔ اور انسان سب سے زیادہ جھگڑالو ہے O

۵۵۔ اور نہیں روک رکھا ہے لوگوں کو مان جانے سے، جب کہ آ گئی ان کے پاس ہدایت، اور یہ کہ مغفرت چاہیں اپنے رب کی، مگر یہ کہ آ جائے ان کے پاس پہلوں کا دستور، یا عذاب ان کے سامنے آ جائے O

۵۶. اور ہم نہیں بھیجتے رسولوں کو، مگر خوشخبری سنانے والے اور ڈرانے والے۔ اور جھگڑتے ہیں جنھوں نے کفر کر رکھا ہے باطل سے، تاکہ باطل بنا دیں اس سے حق کو، اور بنا لیا ہے میری آیتوں کو اور جو ڈرائے گئے ہیں، سب کو ٹھٹھاO

۵۷. اور کون اس سے بڑھ کر اندھیرا والا ہے جسے یاد دلائی گئیں اس کے رب کی آیتیں تو اس نے منہ پھیر لیا ان سے اور بھول گیا جو پہلے بھیج چکے اس کے ہاتھ۔ بیشک ہم نے ڈال دیا ان کے دلوں پر غلاف کہ سمجھ سکیں قرآن اور ان کے کانوں میں بہرا پن۔ اور اگر بلاؤ انہیں ہدایت کی طرف تو بھی ہرگز راہ نہ پائیں گے کبھی۔O

۵۸. اور تمہارا پروردگار مغفرت فرمانے والا رحمت ہے۔ اگر ان کی پکڑ کرتا جو انہوں نے کما رکھا ہے، تو جلدی کرتا ان پر عذاب۔ بلکہ

ان کے لیئے ایک وعدہ کا وقت ہے، کہ نہ پائیں گے اس کے مقابل میں کوئی ٹھکانہ O

۵۹. اور یہ آبادیاں ہیں، کہ تباہ کر دیا ہم نے انہیں جب انہوں نے اندھیر مچایا، اور کر دیا تھا ہم نے ان کی تباہی کے لیئے وعدہ O

۶۰. اور جب کہ کہا موسیٰ نے اپنے جوان کو، کہ میں چلتا ہی رہوں گا، یہاں تک کہ پہنچ جاؤں دونوں دریاؤں کے سنگم پر، یا چلتا ہی رہوں مدتوں O

۶۱. چنانچہ جب دونوں پہنچے سنگم کو، تو دونوں اپنی مچھلی بھول گیئے، تو بنا لیا اس نے اپنی راہ دریا میں سرنگ کر کے O

۶۲. پھر جب دونوں آگے بڑھ گیئے، تو کہا اپنے جوان کو کہ ''لاؤ ہمارا ناشتہ، کہ ہم نے پایا اپنے اس سفر سے تکان O

۶۳. وہ بولا، کہ ''اب بتائیے کہ جب ہم نے پناہ لی تھی چٹان کی جانب، تو میں بھول گیا مچھلی کو۔ اور نہیں بھلایا مجھے، مگر شیطان نے، کہ اس کو یاد رکھوں''۔ اور بنا لیا اس نے اپنا راستہ دریا میں۔ بڑا اچنبھا ہے O

۶۴. جواب دیا کہ ''یہ تو ہم نہیں چاہتے تھے''۔ چنانچہ دونوں پلٹے اپنے نشان قدم پر ڈھونڈتے O

۶۵. تو پایا میرے بندوں میں سے ایک بندہ کو، دیا ہے ہم نے جس کو رحمت اپنی طرف سے، اور سکھا دیا ہم نے انہیں علم لدنی O

۶۶. کہا انہیں موسیٰ نے کہ ''کیا میں ساتھ رہ سکتا ہوں آپ کے؟ اس پر آپ سکھا دیں مجھے جو آپ کو سکھایا گیا ہے خوب O

۶۷. بولے کہ ''آپ بلا شبہ نہ کر سکیں گے میری ہمراہی میں صبر O

٦٨.	اور کسی طرح آپ صبر کریں گے، جو آپ کے دائرہ علم میں نہیں O

٦٩.	کہا کہ "آپ مجھے پائیں گے انشاء اللہ صابر، اور نہ خلاف کروں گا میں آپ کے کسی حکم کے" O

٧٠.	بولے، "تو اگر میرے ساتھ رہنا ہے، تو نہ پوچھئے گا مجھ سے کچھ، یہاں تک کہ میں ہی بتا دوں ذکر کر کے O

٧١.	تو دونوں چل پڑے... یہاں تک کہ جب دونوں سوار ہوئے کشتی میں، تو اس بندہ نے سوراخ کر دیا اس میں، دریافت کیا، کہ "آپ نے کشتی میں سوراخ کر دیا تاکہ ڈبو دیں اس کے سواروں کو، یہ آپ نے بری بات کی O

٧٢.	بولے "کیا نہیں کہہ رکھا ہے میں نے، کہ آپ نہ کر سکیں گے میرے ساتھ صبر O

۷۳. کہا کہ ''پکڑ نہ کیجئے میری، جسے میں بھول گیا۔ اور نہ ڈالیے میرے حق میں دشواری، O

۷۴. پھر دونوں چلے... یہاں تک کہ جب ملے ایک لڑکے کو، تو اس بندہ نے مار ڈالا اسے۔ کہا، ''کیا آپ نے مار ڈالا ایک بے گناہ جان کو بغیر کسی جان کے بدلے؟ کوئی شبہ نہیں کہ آپ نے بہت بری بات کی O

۷۵. انہوں نے کہا کہ ''ہم نے نہیں بتا دیا تھا آپ کو، کو آپ نہ کر سکیں گے میرے ساتھ رہ کر صبر O

۷۶. بولے کہ ''اگر اب میں نے آپ سے کچھ پوچھا، تو آپ ساتھ نہ رکھیے گا مجھ کو۔ بلاشبہ آپ نے معذوری میری وجہ سے انتہا کو پہنچا دی O

۷۷. تو دونوں چل پڑے۔۔ یہاں تک کہ جب آئے ایک آبادی والوں میں، تو کھانا مانگا وہاں والوں سے، تو سب نے انکار کر دیا ان کی مہمانداری کرنے سے، پھر پایا آبادی میں ایک دیوار، کہ اگر چاہتی ہے، تو اس کو کھڑا کر دیا۔ کہا موسیٰ نے، ''اگر آپ چاہتے تو لے لیتے اس پر مزدوری O

۷۸. جواب دیا کہ ''یہ میری آپ کی جدائی ہے۔ ابھی میں بتائے دیتا ہوں آپ کو اصلی بات جس پر تم صبر نہ کر سکے O

۷۹. وہ کشتی! تو مسکینوں کی تھی جو دریا میں کام کیا کرتے تھے، تو میں نے چاہا کہ اس کو عیب دار کر دوں، کہ ان کے ادھر ایک بادشاہ تھا، جو پکڑ لیتا ہے ہر کشتی کو زبردستی O

۸۰. اور لڑکا! تو اس کے ماں باپ ایمان والے تھے، تو ہم نے خطرہ دیکھا کہ چڑھا دے انہیں سرکشی اور کفر میں O

۸۱۔   تو ہم نے چاہا کہ بدل دے انہیں ان کا پروردگار اس سے بہتر پاکیزگی میں، اور زیادہ رحم دل O

۸۲۔   اور دیوار! تو وہ دو یتیم بچوں کی تھی اس شہر میں، اور اس کے نیچے ان کا خزانہ تھا، اور ان کا باپ لیاقت مند تھا، تو چاہا آپ کے رب نے کہ پہنچ جائیں وہ اپنی جوانی کو، اور نکالیں اپنا خزانہ۔ رحمت ہے آپ کے رب کے طرف سے۔ اور یہ سب میں نے نہیں کیا اپنے حکم سے۔ یہ ہے اصلی بات، جس پر آپ صبر نہ کر سکے O

۸۳۔   اور دریافت کرتے ہیں تم سے ذوالقرنین کے بارے میں، جواب دو کہ ''ابھی ظاہر کیے دیتا ہوں تم پر ان کا واقعہ O

۸۴۔   بیشک ہم نے زور دار کر دیا تھا انہیں زمین میں، اور دے دیا تھا ہر چیز کا ایک راستہ O

۸۵۔   تو پیچھے گئے وہ ایک راستے کے O

۸۶. یہاں تک کہ جب پہنچے سورج ڈوبنے کی جگہ، اس کو پایا کہ ڈوبتا ہے ایک چشمے میں سیاہ کیچڑ کے، اور پایا اس کے پاس ایک قوم۔۔۔ ہم نے حکم دیا کہ ''اے ذوالقرنین، یا انہیں سزا دو اور یا کرو ان میں بھلائی O

۸۷. وہ بولے کہ ''جس نے اندھیر کیا، تو اس کو ہم سزا دیں گے، پھر وہ لوٹایا جائے گا اپنے پروردگار کی طرف، تو وہ وہ سزا دے گا اسے ناقابل برداشت O

۸۸. ہاں جو ایمان لایا اور لیاقت والے کام کیے، تو ان کے لیے ہے سب اچھا ثواب۔ اور بتائیں گے ہم اسے اپنا آسان کام O

۸۹. پھر پیچھے لگے ایک راستے کے O

۹۰. یہاں تک کہ جب پہنچے سورج نکلنے کی جگہ تو اس کو پایا کہ نکلتا ہے ایسی قوم پر نہیں بنایا ہم نے ان کے لیے اس سے کوئی آڑ۔ O

۹۱. یہی بات ہے اور بیشک ہم ان کے سازوسامان سے پورے باخبر تھے۔ O

۹۲. پھر پیچھے لگے ایک راستے کے O

۹۳. یہاں تک کہ جب پہنچے دو پہاڑوں کے درمیان تو، پایا ان کے ادھر ایک قوم، جو سمجھتے نہیں معلوم ہوتے کوئی بات O

۹۴. سب نے درخواست کی، کہ ''اے ذوالقرنین، واقعہ یہ ہے کہ یاجوج وماجوج بڑے فسادی ہیں زمین میں، تو کیا ہم مقرر کرلیں آپ کا کچھ اخراج اس پر، کہ آپ کھنچوا دیں ہمارے اور ان کے درمیان ایک دیوار O

۹۵. جواب دیا کہ ''جو طاقت بخشی ہے مجھ کو اس میں میرے رب نے، وہ سب سے بہتر ہے، پس تم لوگ میری مدد کرو زور بازو سے، تو میں بنا دوں تمہارے اور ان کے درمیان مضبوط روک O

۹۶.   لے آؤ میرے پاس لوہے کی چادریں "" یہاں تک کہ جب برابر کر دیا اسے دونوں پہاڑوں کے کناروں سے ، حکم دیا کہ "سب لوگ پھونکو" یہاں تک کہ جب کر دیا اس کو دہکتی آگ ، حکم دیا کہ "لاؤ میں انڈیل دوں اس پر پگھلا تا نبا O

۹۷.   تو وہ سب نہ چڑھ سکے اس پر ، اور نہ سوراخ کر سکے O

۹۸.   ذوالقرنین نے کہا کہ "یہ رحمت ہے میرے رب کی طرف سے ، پھر جہاں آیا میرے رب کا وعدہ ، تو یہ ریزہ ریزہ کیا رکھا ہے۔ میرے پروردگار کا ہر وعدہ درست ہے O

۹۹.   اور چھوڑ رکھا ہم نے کہ کچھ اس دن ریلا ہو گا دوسروں پر اور پھونکا گیا صور میں ، تو اکٹھا کیا ہم نے یکجا ۔ O

۱۰۰.   اور لے آئے جہنم کو اس دن کافروں کے سامنے۔ O

۱۰۱۔   وہ کہ تھیں جن کی آنکھیں پردے میں میری یاد سے، اور وہ سن بھی نہیں سکتے تھے۔ O

۱۰۲۔   تو کیا گمان کر لیا ہے جنہوں نے کفر کیا، کہ بنا لیں میرے بندوں کو، مجھے چھوڑ کر، اپنا دوست۔ بیشک ہم نے تیار کر رکھا ہے جہنم کو کافروں کی مہمانی کو O

۱۰۳۔   کہہ دو کہ ''کیا میں بتا دوں تمہیں عمل میں سب سے زیادہ دیوالیہ O

۱۰۴۔   وہ جن کی کوشش گم ہو گئی دنیاوی زندگی میں، اور وہ خیال کر رہے ہیں کہ وہ خوب کر رہے ہیں کام O

۱۰۵۔   وہی ہیں جنہوں نے انکار کر دیا اپنے رب کی آیتوں کا، اور اس کے ملنے کا''، تو غارت ہو گئے ان کے سب کام، تو نہ رکھیں گے ہم ان کا قیامت کے دن کوئی وزن O

۱۰۶۔ یہ ان کی سزا ہے جہنم، کہ انہوں نے کفر کیا تھا اور بنا لیا تھا میری آیتوں اور رسولوں کا مذاق O

۱۰۷۔ بیشک جو مان گئے اور لیاقت والے کام کیے، انہیں کی فردوس کے باغ مہمانی ہیں O

۱۰۸۔ ہمیشہ رہنے والے اس میں، نہ چاہیں گے اس سے تبدیلی O

۱۰۹۔ کہہ دو کہ ''اگر ہو جائے سمندر روشنائی، میرے رب کے کلمات کے لیے، تو ضرور سمندر ختم ہے قبل اس کے کہ ختم ہوں میرے رب کے کلمات، گو ہم لے آئیں اسی طرح مدد کو O

۱۱۰۔ کہہ دو کہ ''میں بس چہرہ مہرہ رکھنے میں تمہارے روپ میں ہوں، وحی کی جاتی ہے میری طرف، کہ تمہارا معبود بس معبود اکیلا ہے'' تو جو امید وار ہے اپنے پروردگار سے ملنے کا، تو چاہیے کہ کام

کرے لیاقت والا، اور نہ شریک کرے اپنے رب کی عبادت میں کسی کو O

۱۹۔ سورۃ مریم

نام سے اللہ کے بڑا مہربان بخشنے والا O

۱۔ ک ھ ی ع ص ۔ O

۲۔ تذکرہ ہے تیرے پروردگار کی رحمت کا، اپنے بندے زکریا پر O

۳۔ (تذکرہ ہے تیرے پروردگار کی رحمت کا اپنے بندے زکریا پر)۔ جب کہ پکارا تھا اپنے رب کو دھیمی آواز سے O

۴.	دعا کہ ''پروردگار بیشک میں، تو ہڈی کمزور ہو چکی میری، اور سر نے بڑھاپا بھڑکا دیا اور کبھی نہ رہا تجھ سے دعا کر کے پروردگار محروم O

۵.	اور مجھے ڈر لگا ہے قرابت داروں کا اپنے بعد، اور میری بی بی بانجھ ہی رہ گئی، تو تو ہی دے دے مجھے اپنی قدرت سے ایک ایسا کام کا O

۶.	جو میرا وارث بھی ہو اور نسل یعقوب کا وارث بھی ہو۔ اور کردے اس کو پروردگار اپنی پسند کا O

۷.	اے زکریا، بلاشبہ ہم مژدہ سناتے ہیں تمہیں ایک لڑکے کا، جن کا نام ہے یحیٰی۔ نہیں پیدا فرمایا ہم نے ان کا پہلے کوئی ہم نام O

۸.	کہا کہ ''پروردگار کیسے ہوگا میرے لڑکا؟ اور میری بی بی تو بانجھ ہی رہی، اور میں پہنچ چکا بڑھاپے سے آخری حد کو O

۹۔ فرمایا، "یونہی ہے۔ "تمہارے رب کا فرمان ہے کہ "وہ مجھ پر آسان ہے، اور تم کو بھی تو میں پہلے پیدا کر چکا، حالانکہ تم کچھ بھی نہ تھے O

۱۰۔ عرض کیا، "پروردگار بتا دے مجھ کو کوئی نشانی۔" فرمایا، "تمہاری نشانی ہے کہ موت بولو لوگوں سے تین رات دن، تندرست رہتے ہوئے O

۱۱۔ تو نکلے اپنی قوم پر محراب مسجد سے، پھر انہیں اشارہ کیا کہ "اللہ کی پاکی بولتے رہو صبح و شام O

۱۲۔ اے یحییٰ: "تھام لو کتاب کو مضبوطی سے، "اور دے رکھا تھا ہم نے انہیں دانائی بچپن ہی میں O

۱۳۔ اور نرم دلی اپنی طرف سے، اور پاکیزگی، اور اللہ سے بڑے ڈرنے والے تھے O

۱۴۔ اور نیک سلوک کرنے والے اپنے ماں باپ سے، اور نہ تھے زبردستی کرنے والے نافرمان O

۱۵۔ اور سلامتی ہے ان پر ان کے میلاد کے دن، اور وصال کے دن، اور جس دن اٹھائے جائیں گے زندہ O

۱۶۔ اور تذکرہ کرو کتاب میں مریم کا۔۔ جب کہ الگ ہٹ گئیں اپنے لوگوں سے پورب کی سمت ایک جگہ O

۱۷۔ پھر ڈال لیا ان کی طرف سے پردہ۔۔ پھر بھیجا ہم نے ان کی طرف اپنے روحانی کو، تو روپ بھرا انھوں نے ان کے حق میں ایک تندرست بشر کا O

۱۸۔ بولیں کہ ''خدائے مہربان کی پناہ ہے تم سے، اگر تم اس سے ڈرتے ہو O

۱۹. وہ بولے کہ ''میں تمہارے رب کا قاصد ہوں، تاکہ دے دوں تمہیں ایک پاکیزہ بیٹا O

۲۰. بولیں، ''کیسے ہوگا میرے بیٹا؟ حالانکہ نہ کسی بشر نے مجھے چھوا، اور نہ میں بدکار ہوں O

۲۱. بولے، ''یونہی ہے۔'' فرمایا ہے تمہارے رب نے کہ ''وہ مجھ پر آسان ہے۔ اور تاکہ بنا دیں اسے نشانی لوگوں کے لیے، اور رحمت اپنی طرف سے۔ اور یہ طے شدہ معاملہ ہے O

۲۲. تو حاملہ ہوگئیں، اور اس کو لے کر دور، مقام کو کنارے ہٹ گئیں O

۲۳. پھر لے آیا انہیں دردِ زہ کھجور کی جڑ تک۔ بولیں، ''اے کاش میں مرجاتی اس سے پہلے، اور ہو جاتی بھولی بسری O

۲۴.　　تو آواز دی ان کو ان کے نشیب سے کہ ''رنج مت کرو،
بیشک بہا دیا تمہارے رب نے تمہارے نیچے نالہ O

۲۵.　　اور ہلاؤ اپنی طرف کھجور کی جڑ کو، گریں گی تازہ پختہ کھجوریں O

۲۶.　　تو کھاؤ اور پیو اور ٹھنڈک دو اپنی آنکھ کو۔ پھر اگر دیکھو کسی بشر
کو، تو بتا دو، کہ میں نے منت مانی ہے اللہ مہربان کے لیے روزے
کی، تو میں بات نہ کروں گی آج کسی انسان سے O

۲۷.　　پھر لے آئیں بچے کو اپنی قوم کے پاس گود میں لیے، سب
بولے، ''اے مریم تو تو نہایت برا کام کر آئی O

۲۸.　　اے ہارون کی بہن، نہ تو تیرا باپ برا شخص تھا، اور نہ تیری
ماں بدچلن تھی O

۲۹.　　تو مریم نے اشارہ کیا بچے کی طرف۔ سب بولے کہ 'کس
طرح بات چیت کریں ہم اس سے جو گود میں بچہ ہے O

۳۰۔ بول پڑا وہ بچہ، کہ "بلاشبہ میں اللہ کا بندہ ہوں۔ اس نے دی ہے مجھے کتاب اور کر دیا مجھ کو نبی O

۳۱۔ اور کر دیا مجھے مبارک جہاں بھی رہوں۔ اور حکم دیا ہے مجھ کو نماز و زکوٰۃ کا، جب تک جیوں O

۳۲۔ اور اپنی ماں کے ساتھ احسان کرنے کا، اور نہیں کیا مجھے زبردستی کرنے والا بد نصیب O

۳۳۔ اور مجھ پر اللہ کا سلام ہے، میرے میلاد کے دن، اور میرے وصال کے دن، اور جس دن اٹھایا جاؤں زندہ O

۳۴۔ یہ ہیں عیسیٰ فرزند مریم ٹھیک ٹھیک بات، کہ جس میں شکلی لوگ اختلاف کرتے ہیں O

۳۵. اللہ کو زیبا نہیں، کہ اختیار فرمائے اولاد۔ پاکی ہے اس کی، جب طے فرما لیا کسی چیز کو، تو بس فرما دیتا ہے اسے کہ ہو جا، تو وہ ہو جاتی ہے O

۳۶. اور "بیشک اللہ میرا پروردگار اور تمہارا پالنہار ہے، تو اسی کو پوجو۔ یہ ہے سیدھا راستہ O

۳۷. پھر مختلف ہو گئے فرقے ان کے درمیان۔ تو ہلاکی ہے جنہوں نے انکار کیا، بڑے دن کی حاضری سے O

۳۸. کیا کہنے ہیں ان کے سننے اور دیکھنے کو، جس دن یہ آئیں گے ہمارے پاس، لیکن اندھیر والے آج تو کھلی گمراہی میں ہیں O

۳۹. اور ڈرا دو انہیں پچھتاوا کرنے کے دن سے، جب کہ کام ختم کر دیا گیا۔۔ ۔ اور وہ لوگ اس سے غفلت ہی میں ہیں اور مانتے ہی نہیں O

۴۰. بیشک ہم ہی رہ جائیں گے مالک زمین کے ، اور جو بھی اس پر ہے ، اور ہمارے ہی طرف سب لوٹائے جائیں گے O

۴۱. اور تذکرہ کرو کتاب میں ابراہیم کا ۔ ۔ بلاشبہ وہ تھے راست باز نبی O

۴۲. جب کہ کہا اپنے بابا کو کہ 'اے بابا کیوں پوجتے ہو؟ جو نہ سنے اور نہ دیکھے اور نہ کام آئے تمہارے کچھ O

۴۳. اے بابا! بلاشبہ آگیا ہے میرے پاس علم کا وہ حصہ ، جو نہیں آیا تم تک ، تو میرے پیچھے لگے رہو، میں لے چلوں گا تم کو سیدھی راہ O

۴۴. اے بابا! شیطان کو نہ پوجو۔ کہ شیطان تو رحمن کا نافرمان ہی رہا O

۴۵.	بابا! میں ڈرتا ہوں کہ لگ جائے تمہیں عذاب اللہ مہربان کا، تو ہو جاؤ تم شیطان کے دوست O

۴۶.	وہ بولا کہ کیا بے رغبت ہو گئے تم میرے بتوں سے اے ابراہیم؟ اگر تم نہ رکے تو ضرور پتھراؤ کروں گا تمہیں اور چھوڑ دے مجھے زمانہ دراز تک۔ O

۴۷.	جواب دیا کہ تجھے میرا اسلام ہے اب بھی میں تیری مغفرت کے لیے عرض کروں گا اپنے پروردگار سے کہ وہ مجھ پر مہربان ہی رہا ہے۔ O

۴۸.	اور تم کو بھی چھوڑتا ہوں اور تمہارے بتوں کو بھی، جن کی اللہ کے مقابل دہائی دیتے ہو۔ اور میں تو دہائی دیتا ہوں اپنے پروردگار کی، کہ عنقریب نہ رہ جاؤں اپنے رب کی دہائی کی بدولت محروم O

۴۹۔ چنانچہ جب چھوڑ دیا ان کو اور ان کے بتوں کو جن کو معبود مانتے اللہ کے مقابلے پر، تو ہم نے دیا انہیں اسحاق و یعقوب، اور ان سب کو بنایا نبی O

۵۰۔ اور دیا ان سب کو اپنی رحمت سے، اور کر دی ان کے لیے بلند موری O

۵۱۔ اور تذکرہ کرو کتاب میں موسیٰ کا، بلاشبہ وہ تھے کھرے، اور تھے رسول غیب کی باتیں بتانے والے O

۵۲۔ اور آواز دی ہم نے انہیں کوہ طور کے داہنی جانب سے، اور نزدیک کیا انہیں رازدار بنانے کو O

۵۳۔ اور دیا ہم نے انہیں اپنی رحمت سے ان کا بھائی ہارون نبی O

۵۴. اور تذکرہ کرو کتاب میں اسماعیل کا۔ بلاشبہ وہ وعدے کے سچے تھے، اور رسول تھے غیب کی خبر دینے والے O

۵۵. اور حکم دیتے تھے اپنے گھر گھرانوں کو نماز و زکوٰۃ کا، اور تھے اپنے پروردگار کے یہاں پسندیدہ O

۵۶. اور تذکرہ کرو کتاب میں ادریس کا۔ بلاشبہ وہ تھے راست باز نبی O

۵۷. اور اٹھا لیا ہم نے انہیں اونچی جگہ پر O

۵۸. یہ سب ہیں جن پر انعام فرمایا اللہ نے، گروہ انبیاء سے، آدم کی نسل سے۔ اور ان کی نسل سے جن کو سوار کیا تھا ہم نے نوح کے ساتھ، اور ابراہیم و یعقوب کی اولاد سے، اور اسے جنہیں ہم نے راہ دی، اور چن لیا۔ جب تلاوت کی جاتیں ان پر رحمن کی آیتیں، تو گر پڑے سجدہ کرتے ہوئے اور روتے ہوئے O

۵۹۔   پھر جانشین ہوئے ان کے بعد کچھ ناخلف، کہ نمازیں گنوادیں اور شہوتوں میں لگ گئے، تو اب جلد پائیں گے جہنم کی وادی غی کو O

۶۰۔   مگر جس نے توبہ کرلی اور ایمان سنبھالا اور لیاقت والے کام کرنے لگا، تو وہ جائیں گے جنت میں، اور نہ اندھیر کیا جائے گا کچھ O

۶۱۔   سدا بہار کے باغ، جس کا وعدہ فرمایا تھا اللہ مہربان نے اپنے بندوں سے غائبانہ۔ بلاشبہ اس کا وعدہ آ کر رہنے والا ہے O

۶۲۔   نہ سنیں گے اس میں فضول بات، بس سلام سلام۔ اور ان کی روزی ہے اس میں صبح و شام O

۶۳۔   یہ جنت ہے، جس میں رکھیں گے ہم اپنے بندوں سے اسے، جو ڈرنے والا رہا O

۶۴. اور ہم، جبریل نہیں اترتے، مگر آپ کے پروردگار کے حکم سے۔ اسی کا ہے جو ہمارے سامنے ہے اور جو پیچھے ہے، اور جو اس کے درمیان ہے، اور نہیں ہے تمہارا پروردگار بھولنے والا O

۶۵. پالنے والا آسمانوں اور زمین کا، اور جو ان کے درمیان ہے، تو اس کو معبود مانو، اور جمے رہو اس کی عبادت پر۔ بھلا کیا تم جانتے ہو اس کا کوئی ہم نام O

۶۶. اور جو انسان بولتا ہے کہ "جب میں مر چکا، تو کیا عنقریب زندہ نکالا جاؤں گا O

۶۷. کیا یاد نہیں وہ انسان، کہ ہم نے اس کو پیدا فرمایا پہلے پہل، اور وہ کچھ بھی نہ تھا O

۶۸. ہاں تمہارے پروردگار کی قسم، ہم ضرور حشر برپا کریں گے ان کا، اور شیطانوں کا، پھر ان کو حاضر کریں گے جہنم کے گرد گھٹنوں کے بل O

۶۹. پھر ضرور نکالیں گے ہم ہر ہر شیعہ سے، جو زیادہ سے زیادہ بیباک ہے، اللہ مہربان پر O

۷۰. پھر ہم تو جانتے ہی ہیں انہیں جو وہاں پہنچنے کے زیادہ حق دار ہیں O

۷۱. اور نہیں تم لوگوں سے کوئی، مگر وہاں وارد ہونے والا، تمہارے پروردگار کا اٹل فیصلہ ہے O

۷۲. پھر بچا لے جائیں گے ہم جو ڈرتا رہا، اور چھوڑ دیں گے اندھیر والوں کو اس میں گھٹنے کے بل O

۷۳.	اور جب تلاوت کی جاتی ہیں ان پر ہماری روشن آیتیں، تو بولے جنہوں نے انکار کر رکھا ہے انہیں، جو مان چکے ہیں کہ ''ہم میں تم میں کس کا مکان بہتر ہے، اور کس کی محفل آراستہ ہے O

۷۴.	اور کتنے طبقے برباد کر دیے ہم نے ان کے پہلے، کہ جو ساز و سامان و نمائش میں کہیں اچھے تھے O

۷۵.	کہہ دو کہ ''جو رہا گمراہی میں، تو ڈھیل دیتا ہے اس کو خدائے مہربان خوب''۔ یہاں تک کہ جب دیکھ لیا جس کا ان سے وعدہ کیا گیا ہے، خواہ عذاب اور خواہ قیامت، تو جلد ہی جان لیں گے، کہ کس کا مکان سب سے برا، اور کس کی پارٹی سب سے زیادہ کمزور ہے O

۷۶.	اور بڑھائے اللہ ہدایت ان کی، جنہوں نے راہ پالی۔ اور باقی رہنے والی نیکیاں زیادہ بہتر ہیں، تمہارے پروردگار کے نزدیک ثواب میں، اور نہایت خوب ہیں انجام میں O

۷۷.	تو کیا تم نے دیکھا کہ جس نے انکار کر دیا میری آیتوں کا اور ڈینگ ماری کہ ''مجھ کو ضرور دیا جائے گا مال اولاد O

۷۸.	کیا وہ جھانک آیا غیب کو، یا لے رکھا ہے خدائے مہربان کے یہاں کوئی عہد؟ O

۷۹.	ہرگز نہیں! اب ہم لکھ لیتے ہیں جو بکتا ہے، اور خوب دراز کریں گے ہم اس کا عذاب O

۸۰.	اور ہم ہی رہ جائیں گے مالک، جو وہ بکتا ہے اور وہ آگیا ہمارے سامنے تنہا O

۸۱.	اور بنا لیا انہوں نے اللہ کو چھوڑ کر مقابلے کے کئی معبود، تاکہ وہ ان کی عزت بن جائیں O

۸۲.	ہرگز نہیں! بہت جلد یہ سارے بت اپنی معبودیت سے انکار کر دیں گے، اور ہو جائیں گے پجاریوں کے خلاف O

۸۳.   کیا تم نے نہیں دیکھا کہ ہم نے بھیجا شیطان کو کافروں کے پاس، کہ انہیں خوب ابھارتے ہیں O

۸۴.   تو مت جلدی کرو ان پر، ہم بس ان کی مدت شماری کر رہے ہیں O

۸۵.   جس دن کہ ہم حشر کریں گے ڈرنے والوں کا، خدائے رحمان کی طرف وفد کی صورت میں O

۸۶.   اور ہانکا لگائیں گے مجرموں کا جہنم کی طرف پیاسے O

۸۷.   نہ اختیار رکھیں گے شفاعت کا بجز ان کو کہ جنھوں نے لے لیا ہے خدائے مہربان کے یہاں کوئی عہد۔ O

۸۸.   اور کفار بک پڑے کہ اختیار کیا خدائے مہربان نے اولاد کو۔ O

۸۹. یقیناً تم بول آئے بڑا بے ہودہ بول O

۹۰. بس اب سارے آسمان پھٹ ہی پڑے اس بات سے اور زمین پاش پاش ہی ہو جائے، اور سارے پہاڑ بالکل ڈھا ہی پڑیں O

۹۱. کہ کہہ ڈالا خدائے مہربان کے لیے اولاد O

۹۲. اور نہیں زیبا ہے خدائے مہربان کے لیے کہ اختیار فرمائے اولاد۔ O

۹۳. سارے جو آسمانوں اور زمین میں نہیں ہیں مگر آنے والے خدائے مہربان کے یہاں بندہ ہو کر O

۹۴. اس نے بلا شبہ انہیں شمار میں لے لیا اور ایک ایک کو گن لیا O

۹۵. اور سب کے سب حاضر ہوں گے اللہ کے حضور قیامت کے دن تنہا O

۹۶. بیشک جو مان گئے اور لیاقت کے کام کیے، جلد کر دے گا ان کے لیے خدائے رحمان محبت O

۹۷. تو ہم نے آسان کر دیا قرآن کو تمہاری زبان میں، تاکہ خوشخبری دو اس کی ڈرنے والوں کو، اور ڈراؤ اس سے جھگڑالو لوگوں کو O

۹۸. اور کتنے تباہ کر دیے ہم نے ان سے پہلے طبقے۔ کیا دیکھتے ہو ان میں سے کسی کو، یا سنتے ہو ان کی کچھ بھنک؟ O

۲۰۔ سورۃ طٰہٰ

نام سے اللہ کے بڑا مہربان بخشنے والا O

۱. طہٰ O

۲. نہیں نازل فرمایا ہم نے تم پر قرآن، کہ مشقت میں پڑو O

۳. مگر وعظ ہے اس کے لیے جو ڈرے O

۴. یہ اتارنا ہے اس کی طرف سے، جس نے پیدا فرمایا زمین کو
اور سارے بلند آسمانوں کو O

۵.	خدائے مہربان نے عرش پر توجہ فرمائی O

۶.	اسی کا ہے جو کچھ آسمانوں، اور جو کچھ زمین میں ہے، اور جو کچھ ان کے درمیان ہے، اور جو کچھ تحت الثریٰ ہے O

۷.	اور اگر زور سے بولو، تو خیر بولو، کیونکہ بلاشبہ وہ تو جانتا ہے ہر چھپے ڈھکے کو O

۸.	اللہ، کوئی معبود نہیں اس کے سوا۔ اسی کے ہیں سب اچھے نام O

۹.	اور کیا آئی ہے تمہارے پاس موسیٰ کی بات O

۱۰.	جب کہ دیکھا آگ کو، تو کہا اپنی اہلیہ کو کہ "ٹھہرو، میں نے آگ کو دیکھا ہے، لائے دیتا ہوں تمہارے لیے اس سے کوئی چنگاری، یا پا جاؤں آگ کی راہ O

۱۱.　چنانچہ جب وہ وہاں آئے، تو ندا کی گئی، کہ ''اے موسیٰ O

۱۲.　بیشک میں تمہارا رب ہوں، پس تم اتار دو اپنے جوتے کہ تم
مقدس وادی طویٰ میں ہو O

۱۳.　اور میں نے تمہیں چنا ہے، تو کان لگا کر سنو جو وحی کیا
جائے O

۱۴.　بیشک میں ہی اللہ ہوں نہیں کوئی معبود میرے سوا، تو میری
پوجا کرو، اور پابندی کرو نماز کی میری یاد کے لیے O

۱۵.　بیشک قیامت آنے والی ہی ہے، قریب قریب، میں اسے
چھپائے ہوں، کہ بدلہ دیا جائے ہر ایک، جو محنت کر کے لائے O

۱۶.　تو نہ روک رکھے تمہیں اس سے وہ، جو اس کو نہیں مانتا، اور
غلام ہو گیا اپنی خواہش کا، کہ ہلاک ہو جاؤ O

۱۷.	اور کیا ہے یہ تمہارے داہینے ہاتھ میں اے موسیٰ O

۱۸.	بولے، ''یہ میرا عصا ہے۔ سہارا لگاتا ہوں اس پر، اور پتے جھاڑتا ہوں اس سے اپنی بکریوں پر، اور میرے اس میں اور بھی کام ہیں O

۱۹.	حکم دیا کہ ''ڈال دو اس کو اے موسیٰ O

۲۰.	تو انہوں نے ڈال دیا کہ اچانک وہ سانپ ہے دوڑتا ہوا O

۲۱.	حکم دیا کہ ''اس کو پکڑ لو اور مت ڈرو''۔ کہ ابھی ہم دوبارہ کر دیں گے اس کی پہلی سیرت O

۲۲.	اور ''یکجا کرو اپنے ہاتھ کو اپنے بغل کی طرف''' نکلے گا سفید، بے عیب۔ دوسری نشانی O

۲۳.	تاکہ دکھائیں تمہیں اپنی بڑی بڑی نشانیوں سے O

۲۴. چلے جاؤ فرعون کے پاس کہ وہ سرکش ہو گیا ہے 0

۲۵. دعا کی، "پروردگار! کھول دے میرا اپنا سینہ 0

۲۶. اور آسان کر دے میرے لیے میرا کام 0

۲۷. اور کھول دے میری زبان کی گرہ 0

۲۸. کہ لوگ سمجھیں میری بولی 0

۲۹. اور کر دے میرا وزیر میرے اپنوں سے 0

۳۰. ہارون میرے بھائی کو 0

۳۱. طاقت دے اس سے میری کمر کو 0

۳۲. اور شریک کار کر دے انہیں میرا 0

۳۳. کہ ہم لوگ تیری پاکی بولتے رہیں خوب 0

۳۴. اور تیرا ذکر کرتے رہیں بہت 0

۳۵. بیشک تو ہمارا نگراں رہا ہے O

۳۶. جواب دیا کہ ''دیا گیا تم کو تمہارا منہ مانگا اے موسیٰ O

۳۷. اور بیشک ہم نے احسان فرمایا تم پر ایک بار اور O

۳۸. جب کہ ہم نے بتایا تمہاری ماں کو جو بتانا تھا O

۳۹. کہ ''ان کو صندوق میں رکھو، پھر صندوق کو دریا میں ڈال دو، پھر دریا ساحل پر پھینک دے، کہ لے اس کو میرا دشمن، اور ان کا بھی دشمن''۔ اور ڈال دیا میں نے تم پر اپنی محبت، اور تاکہ تم بنائے سنوارے جاؤ میری نگرانی میں۔ O

۴۰. جب کہ چلیں تمہاری بہن، پھر بولیں کہ 'کیا میں بتا دوں تم لوگوں کو جو ان کی پرورش کریں؟'' تو لوٹا لائے ہم تم کو تمہاری ماں تک، کہ ٹھنڈی ہوں ان کی آنکھیں اور رنج نہ پہنچے۔ اور تم نے مار ڈالا تھا ایک شخص کو، پھر بچا لیا ہم نے تمہیں غم سے، اور تمہاری ہم

نے آزمائش خوب کرلی۔۔۔ پھر ٹھہرے رہے تم کئی سال مدین والوں میں، پھر آئے تم پختہ سن پر، اے موسیٰ O

۴۱. اور ہم نے کرلیا تمہیں اپنا O

۴۲. لے جاؤ تم اور تمہارے بھائی میری نشانیوں کو اور سستی نہ کرنا میری یاد میں O

۴۳. جاؤ فرعون تک کہ وہ سرکش ہوچکا ہے O

۴۴. پھر بولو اسے نرم بولی، کہ وہ نصیحت قبول کرے یا ڈر سے کام لے O

۴۵. بولے، ''پروردگار ہم ڈرتے ہیں کہ زیادتی کرے ہم پر، یا سرکشی بڑھادے O

۴۶۔	حکم دیا کہ "ڈرو نہیں" میں تمہارے ساتھ ہوں، سب سنتا دیکھتا ہوں O

۴۷۔	تو تم دونوں وہاں جاؤ، پھر کہو کہ "ہم تیرے پروردگار کے رسول ہیں، تو چھوڑ دے ہمارے ساتھ بنی اسرائیل کو۔۔ اور ان کو دکھ نہ دے۔۔ بیشک ہم لائے ہیں تیرے پاس تیرے پروردگار کی نشانی، اور سلام ہے اس پر جس نے پیروی کی ہدایت کی O

۴۸۔	ہم، تو ہماری طرف وحی کی گئی ہے، کہ عذاب اس پر ہے جس نے جھٹلایا اور بے رخی کی O

۴۹۔	وہ بولا کہ "پھر کون ہے تم دونوں کو پالنے والا اے موسیٰ O

۵۰۔	جواب دیا کہ "میرا پالنے والا وہ ہے جس نے دیا ہر چیز کو اس کی صورت، پھر راہ دکھا دی O

۵۱۔	سوال کیا کہ اگلے زمانے والوں کو کیا حال ہے؟ O

۵۲۔ جواب دیا کہ ''اس کا علم میرے پروردگار کے پاس ہے ایک کتاب میں۔ نہ بھٹکے میرا پروردگار، نہ بھولے O

۵۳۔ جس نے بنایا تمہارے لیے زمین کو فرش، اور چالو کر دیا تمہارے لیے اس میں کئی راستے، اور اتارا آسمان کی طرف سے پانی۔ پھر نکالا ہم نے اس کے سبب سے جوڑے، متعدد سبزیوں کے O

۵۴۔ کہ کھاؤ اور چراؤ اپنے مویشی۔ بیشک اس میں نشانیاں ہیں عقل والوں کے لیے O

۵۵۔ اسی زمین سے ہم نے تم کو پیدا فرمایا اور اسی میں دوبارہ کریں گے ہم تمہیں، اور اسی سے نکالیں گے ہم تمہیں دوبارہ O

۵۶۔ اور بیشک دکھا دیا ہم نے اسے اپنی ساری نشانیاں، پھر بھی جھٹلایا اور انکار کیا O

۵۷. وہ بولا کہ کیا تم آئے ہو مجھ تک کہ نکال دو ہم سب کو ہماری آراضی سے، اپنے جادو سے اے موسیٰ؟ O

۵۸. تو ہم بھی لائیں گے تم تک جادو ایسا ہی، تو کر لو ہمارے اور اپنے درمیان ایک وقت کا وعدہ، کہ نہ ہم اس کے خلاف کریں اور نہ تم، ہموار میدان میں O

۵۹. جواب دیا کہ "تمہارے وعدے کا وقت میلے کا دن ہے، اور یہ کہ لوگ اکٹھا کیے جائیں دن چڑھتے چڑھتے O

۶۰. تو لوٹا فرعون، پھر یکجا کیا اپنا داؤں، پھر آیا O

۶۱. ان سب کو موسیٰ نے کہا کہ "تمہاری خرابی ہو، مت گڑھو اللہ پر جھوٹ، کہ تباہ فرما دے تمہیں عذاب سے۔ اور بیشک نامراد رہا جس نے افتراء کیا O

٦٢. پھر بول چال کی اپنے معاملے میں باہم، اور پوشیدہ مشورہ کیا O

٦٣. بولے کہ ''یہ دونوں جادوگر ہیں، چاہتے ہیں کہ نکال دیں تمہیں تمہاری آراضی سے اپنے جادو سے، اور مٹا دیں تمہارے دین شریف کو O

٦٤. تو اکٹھا کر لو اپنی اپنی ترکیب، پھر آؤ پرے لگا کر، اور کامیاب آج وہ رہا جو بڑھ گیا O

٦٥. سب بولے کہ ''اے موسیٰ! یا تم ڈالو یا ہم لوگ پہلے ڈالیں O

٦٦. بولے ''بلکہ تمہیں لوگ ڈالو، ''تو اچانک ان کی رسیاں اور چھڑیاں، انہیں خیال ہوا ان لوگوں کے جادو سے، کہ دوڑتی ہیں O

٦٧. تو جھجکے اپنے دل میں خوف سے موسیٰ O

۶۸.   ہم نے فرمایا کہ ''مت ڈرو، بلاشبہ تمہیں غالب ہوO

۶۹.   اور ڈال دو جو تمہارے داہنے ہاتھ میں ہے، کہ نگل جائے جو ان لوگوں نے بنایا۔ انہوں نے جو کچھ بنایا جادوگر کی ترکیب ہے۔ اور نہیں کامیاب ہوتا جادوگر کہیں آئےO

۷۰.   تو ڈال دیے گئے سارے جادوگر سجدہ کرتے ہوئے، بولے سب کہ ''مان گئے ہم ہارون و موسیٰ کے پروردگار کوO

۷۱.   وہ بولا کہ ''تم انہیں مان گئے؟ قبل اس کے کہ میں اجازت دوں تمہیں۔ بیشک یہ ضرور تمہارا بڑا ہے، جس نے تم کو جادو سکھایا۔ تو ضرور کاٹوں گا تمہارے ہاتھ اور پاؤں، ایک کا داہنا دوسرے کا بایاں، اور ضرور پھانسی دوں گا تمہیں کھجور کے درختوں کے ڈھنڈ پر۔ اور ضرور جان لوگے تم، کہ ہم میں کس کا عذاب زیادہ سخت اور دیرپا ہےO

۷۲.   سب نے جواب دیا کہ ''ہم ہرگز نہ ترجیح دیں گے تجھے اس پر جو آ گئی ہیں ہمارے پاس نشانیاں۔ قسم ہے اس کی جس نے ہمیں پیدا فرمایا کہ تو کر لے جو تجھے کرنا ہو، تو بس اسی دنیاوی زندگی ہی میں کرے گا O

۷۳.   بیشک ہم مان گئے اپنے پروردگار کو، کہ بخش دے ہماری خطائیں، اور جس جادو پر تو نے ہمیں مجبور کیا تھا، اور اللہ بہتر ہے اور ہمیشہ رہنے والا ہے O

۷۴.   بیشک وہ جو آئے گا اپنے پروردگار کے پاس مجرم، تو بلاشبہ اسی کے لیے جہنم ہے، نہ مرے اس میں اور نہ جیے O

۷۵.   اور جو آئے گا اس کے پاس مانتا ہوا، کہ لیاقت کے کام کر چکا ہے، تو انہیں کے لیے بلند درجے ہیں O

۷۶.　سدا بہار کا باغ، بہتی ہیں جن کے نیچے نہریں، اس میں ہمیشہ رہنے والے۔ یہ ثواب ہے اس کا کہ پاکیزہ ہوگیا O

۷۷.　اور واقعہ یہ ہوا کہ ہم نے وحی بھیجی موسیٰ کی طرف کہ ''راتوں رات نکال لے جاؤ میرے بندوں کو، چنانچہ چالو کر دو ان کے لیے ایک خشک راستہ دریا میں۔ نہ تمہیں ڈر ہوگا کہ کسی کے ہاتھ لگو، اور نہ خطرہ ہوگا O

۷۸.　پھر پیچھا ایک ان لوگوں کا فرعون نے اپنے لشکریوں کے ساتھ، تو ان کے سر سے اونچا ہوگیا دریا، جو ہونا تھا O

۷۹.　اور گمراہ کر دیا فرعون نے اپنی قوم کو، اور راہ نہ دکھائی O

۸۰.　اے بنی اسرائیل، بلاشبہ بچایا ہم نے تم کو تمہارے دشمن سے اور وعدہ فرمایا ہم نے تمہیں کوہ طور کے داہنی جانب کا، اور اتارا ہم نے تم پر من و سلویٰ O

۸۱۔ کہ کھاؤ پاکیزہ چیزیں، جو ہم نے روزی فرمائی تمہیں، اور نہ سرکشی کرو اس میں، کہ اتر پڑے تم پر میرا غضب۔ اور جس پر اتر پڑے میرا غضب، تو ضرور گرا O

۸۲۔ اور بیشک میں ضرور مغفرت فرمانے والا ہوں جس نے توبہ کی اور ماننے لگا، اور لیاقت کے کام کیے، پھر راہ پر قائم رہا O

۸۳۔ اور کس نے جلدی کرائی تم سے اپنی قوم سے اے موسیٰ O

۸۴۔ عرض کیا کہ ''وہ یہ میرے نقش قدم پر ہیں، اور میں جلدی حاضر ہو گیا تیرے حضور پروردگار، کہ تو خوش ہو جائے O

۸۵۔ فرمایا، ''ہم نے تو آزمایا تمہاری قوم کو تمہارے بعد، اور انہیں سامری نے گمراہ کر دیا O

۸۶۔ تو لوٹے موسیٰ اپنی قوم کی طرف، غصے میں بھرے، افسوس کرتے۔۔ بولے اے قوم! کیا نہیں وعدہ فرمایا تم سے تمہارے

پروردگار نے اچھا وعدہ؟ ۔ ۔ تو کیا تم پر وقت مقرر سے زمانہ زیادہ لمبا ہو گیا؟ یا تمہارا جی چاہا، کہ اتر پڑے تم پر تمہارے رب کا غضب؟ لہٰذا تم نے میرے وعدے کے خلاف کیا O

۸۷. سب بولے کہ ''وعدہ خلافی ہم نے اپنے اختیار سے نہیں کی ۔ ہاں اٹھوائے گئے ہم سے بوجھ اس قوم کے گہنے کے، تو ہم نے وہ سب ڈال دیے، پھر اس طرح سے ڈالا کچھ سامری نے O

۸۸. تو نکالا سب کے لیے ایک بچھڑا، محض بے جان کا دھڑ، گائے کی بولی بولتا، تو وہ کہنے لگے کہ ''یہ ہے تمہارے معبود، اور موسیٰ کا معبود، موسیٰ تو بھول گئے O

۸۹. تو کیا ان کو نہیں سوجھتا کہ نہ وہ کسی بات کا جواب دے ۔ ۔ اور نہ اختیار رکھے ان کے نقصان کا، نہ نفع کا O

۹۰۔ اور بلاشبہ کہا تھا انہیں ہارون نے پہلے سے کہ "اے قوم بس یہ تمہاری آزمائش کی گئی ہے۔ اور بیشک تمہارا پروردگار خدائے مہربان ہے، تو میرے پیرو رہو اور میرا حکم مانتے رہو O

۹۱۔ انہوں نے جواب دیا کہ "ہم اس پر آسن لگائے رہیں گے، یہاں تک کہ موسیٰ واپس ہوں ہماری طرف O

۹۲۔ موسیٰ نے کہا کہ "اے ہارون تم کو کس چیز نے روکا؟ جب کہ تم نے ان کو دیکھا کہ گمراہ ہو گئے ہیں O

۹۳۔ کہ میرے پیچھے نہ آ گئے، تو کیا تم نے میرے حکم کو نہیں مانا؟ O

۹۴۔ وہ بولے کہ "میرے ماں جائے نہ میری داڑھی پکڑو اور نہ سر کے بال، میں تو ڈرا کہ آپ کہیں گے، کہ تم نے بنی اسرائیل میں پھوٹ ڈال دی، اور میرے فیصلے کا انتظار نہیں کیا O

۹۵.   وہ بولے کہ تیرا کیا معاملہ ہے اے سامری O

۹۶.   جواب دیا کہ میں نے دیکھ لیا جو ان لوگوں نے نہیں دیکھا، تو میں نے ایک مٹھی بھر لی، فرشتے کے نشان قدم سے، تو اس کو چھڑک دی اور یوں ہی اچھا لگا میرے جی کو۔ O

۹۷.   بولے کہ تو ڈور ہو کہ تیرا کام اس زندگی میں یہ ہے کہ کہتا پھرے کہ مجھے ہاتھ نہ لگانا، اور بلا شبہ تیرے لیے ایک وعدے کا دن ہے، کہ ٹالا نہ جائے گا اور دیکھ اپنے بت جس پر خوب آسن لگائے بیٹھا کہ ہم اس کو پھونک دیں گے، پھر اس کی خاک بکھیر کر بہا دیں گے دریا میں O

۹۸.   بس تمہارا معبود صرف اللہ ہے، کہ نہیں کوئی پوجنے کے قابل اس کے سوا، گھیر لیا ہر چیر کو علم میں O

۹۹.	اسی طرح ہم ظاہر کرتے ہیں تم پر واقعات جو گزر چکے۔ اور بیشک دیا ہم نے تمہیں اپنی طرف سے بڑا ذکر O

۱۰۰.	کہ جس نے بے رخی کی اس سے، تو وہ اٹھائے گا قیامت کے دن بوجھ O

۱۰۱.	ہمیشہ رہنے والا اس میں۔ اور کتنا برا ہے ان کا قیامت کے دن بوجھ O

۱۰۲.	جس دن کہ پھونکا جائے گا صور میں، اور اٹھائیں گے ہم مجرموں کو اس دن نیلی آنکھیں O

۱۰۳.	پھسپھساتے باہم کہ ''تم لوگ نہیں بسے، مگر دس دن O

۱۰۴.	ہم خوب جانتے ہیں جو وہ کہیں گے، جب کہ کہے گا ان کا سب سے بڑا لال بجھکڑ کہ ''نہیں رکے مگر ایک دن O

۱۰۵۔ اور دریافت کرتے ہیں تم سے پہاڑوں کو، تو جواب دو کہ "اڑا
دے گا ان کو میرا پروردگار، ریزہ، ریزہ O

۱۰۶۔ پھر چھوڑ دے گا زمین کو پٹ پر چورس O

۱۰۷۔ نہ دیکھو گے اس میں کوئی گھاٹی، نہ ٹیلا O

۱۰۸۔ اس دن پیچھے پیچھے چلیں گے پکارنے والے کے، بغیر کس
انحراف کے۔ اور پست ہو گئیں آوازیں خدائے مہربان کے لیے، تو
نہ سنو گے، مگر سائیں سائیں O

۱۰۹۔ اس دن نہ کام آئے گی شفاعت، مگر وہ جس کو اجازت بخش
دی خدائے مہربان نے، اور وہ جس کی بات پسند فرمائی اس نے O

۱۱۰۔ وہ جانے جو کچھ ان کے سامنے ہے اور جو کچھ ان کے پیچھے
ہے، اور وہ لوگ نہیں گھیر سکتے اس کو علم میں O

۱۱۱. اور جھک پڑے سارے چہرے اس حی قیوم کے لیے۔ اور بیشک ناکام رہا جس نے اندھیر اٹھایا O

۱۱۲. اور جو کرے لیاقت مندیاں اور وہ ماننے والا بھی، تو اس کو کوئی خوف نہیں ہوگا کسی اندھیر کا، اور نہ نقصان کا O

۱۱۳. اور اسی طرح اتارا ہم نے اس کو قرآن عربی زبان میں، اور طرح طرح سے بیان فرمایا اس میں عذاب کو، کہ وہ خوف کھائیں، یا پیدا کر دے ان میں کچھ سوچ O

۱۱۴. تو سب سے بالا ہے اللہ، سچا بادشاہ۔ اور جلدی مت کیا کرو قرآن میں، اس سے پہلے کہ پوری کر دی جائے تمہاری طرف اس کی وحی۔ اور دعا کرو کہ ''پروردگار زیادہ دے مجھے علم O

۱۱۵. اور بیشک تاکید کی تھی ہم نے آدم کو اس سے پہلے، تو وہ بھول گئے اور ''نہیں پایا ہم نے ان کا قصد O

۱۱۶. اور جب کہ حکم دیا تھا ہم نے فرشتوں کو کہ ''سجدہ کرو آدم کا،

، تو سب نے سجدہ کیا، سوا ابلیس کے۔ اس نے انکار کر دیا O

۱۱۷. تو فرمایا ہم نے کہ ''اے آدم! یہ دشمن ہے تمہارا اور

تمہاری بی بی کا، تو یہ نکالنے نہ پائے تم دونوں کو جنت سے، کہ مشقت

اٹھانی پڑے O

۱۱۸. بلا شبہ تمہارے مطلب کی بات یہ ہے، کہ نہ بھوک لگے گی

اس میں اور نہ برہنگی O

۱۱۹. اور نہ اس میں تمہیں پیاس لگے گی، اور نہ دھوپ O

۱۲۰. تو وسوسہ ڈالا شیطان نے، بولا، ''اے آدم! کیا میں بتا دوں

تمہیں درخت حیات، اور وہ ملک جو کہنہ نہ ہو؟ O

۱۲۱. چنانچہ کھا لیا اس سے، تو ظاہر ہو گئیں ان کے لیے ان کی

شرم کی چیزیں، اور لگے چپکانے اپنے اوپر جنت کے پتے۔ اور

بھول گئے آدم اپنے رب کے حکم کو، تو انہوں نے بھی اپنا چاہا کھو دیاO

۱۲۲۔   پھر چن لیا ان کو ان کے رب نے، پس توبہ قبول فرمالی ان کی، اور راہ لگا دیاO

۱۲۳۔   فرمایا، "فرمایا دونوں اتر جاؤ جنت سے سب کے سب، تم میں ایک دوسرے کا دشمن ہے، اب اگر آئے تمہارے پاس میری طرف سے ہدایت۔۔ تو جس نے پیچھا دھرا میری ہدایت کا، تو نہ بھٹکے نہ مشقت میں پڑےO

۱۲۴۔   اور جس نے بے رخی کی میری یاد سے، تو اس کی زندگی تنگ ہے۔ اور اٹھائیں گے ہم اسے قیامت کے دن اندھاO

۱۲۵۔   اگر پوچھا کہ "پروردگار کیوں اٹھایا تو نے مجھے اندھا، حالانکہ میں انکھیارا تھا؟O

۱۲۶.   تو اس کا جواب ہے کہ "اسی طرح آئی تھیں تجھ تک ہماری آیتیں تو تم نے اسے بھلا دیا تھا، اور اسی طرح آج بھی تو یاد نہ کیا جائے گا O

۱۲۷.   اور اسی طرح سے سزا دیتے ہیں ہم جس نے زیادتی کی، اور نہ مانا اپنے پروردگار کی آیتوں کو۔ اور بلا شبہ آخرت کا عذاب زیادہ سخت اور دوامیں ہے O

۱۲۸.   تو کیا انہیں ہدایت نہ ملی اس سے؟ کہ کتنے ہلاک کر دیے ہم نے ان سے پہلے طبقے کے طبقے، کہ یہ لوگ چلتے پھرتے ہیں جن کے گھروں میں۔ بیشک اس میں ضرور نشانیاں ہیں عقل والوں کے لیے O

۱۲۹.   اور اگر نہ ایک کلمہ پہلے سے طے ہوتا تمہارے رب کے یہاں، اور وقت مقرر، تو عذاب چپک جاتا O

۱۳۰.	تو صبر کرو جو وہ بکتے ہیں، اور پاکی بیان کرو اپنے رب کی حمد کے ساتھ، سورج نکلنے سے پہلے اور اس کے ڈوبنے سے پہلے، اور رات کی گھڑیوں میں، تو پاکی بیان کرو اور دن کے کناروں میں، کہ تم کو خوشی میسر ہو O

۱۳۱.	اور مت اٹھا کر دیکھو اپنی آنکھیں، جو رہنے سہنے کو دے ڈالا ہم نے ان کافروں کے جوڑوں کو دنیاوی زندگی کا ساز و سامان، تاکہ انہیں فتنے میں پڑا رہنے دیں اس میں۔ اور تمہارے رب کی روزی بہتر ہے اور دوامی ہے O

۱۳۲.	اور حکم دو اپنے گھر والوں کو نماز کا، اور اس پر جم کر رہو، ہم تم سے نہیں مانگتے روزی، ہم خود روزی تمہیں دیتے ہیں، اور انجام خیر خوف خدا کا ہے O

۱۳۳۔ اور بولے کہ "کیوں نہیں لاتے کوئی نشانی اپنے رب کی؟ کیا نہیں آئی ان کے پاس کوئی خبر، جو پہلے صحیفوں کی ہے O

۱۳۴۔ اور اگر ہم برباد کر دیتے انہیں عذاب سے اس کے پہلے، تو کہتے کہ "پروردگار کیوں نہ بھیج دیا تو نے ہماری طرف رسول، کہ پیروی کرتے ہم تیری نشانیوں کی قبل اس کے کہ ہم ذلیل ورسوا ہوتے O

۱۳۵۔ کہہ دو کہ "سب منتظر ہیں، تو تم بھی منتظر رہو، کہ جلد معلوم کر لو گے کہ کون سیدھے راستہ والا ہے اور کس نے راہ پا لی O

***